随着企业进入创新驱动和领导力驱动的新阶段，企业的内部组织问题日益凸显出来，只要有组织存在，就会有责任病毒存在。

"要么与我无关，要么我管，你就别插手！"

"咱们得把道儿先划清楚，要不出了问题算谁的？！"

这些就是典型的中毒表现。

责任病毒让多少好事、好人不知不觉变成坏事、敌人，本书帮助读者学会担当。**有担当的人才，是企业可以永续发展的关键所在！**

· 清领五种 ·

责任病毒
如何分派任务和承担责任

THE
RESPONSIBILITY
VIRUS

How Control Freaks, Shrinking
Violets—and the Rest of Us—Can
Harness the Power of True Partnership

［加］ 罗杰·马丁　著　方海萍 魏清江 范海滨 译
　　　　Roger L. Martin

机械工业出版社
China Machine Press

图书在版编目（CIP）数据

责任病毒：如何分派任务和承担责任 /（加）罗杰·马丁（Roger L. Martin）著；方海萍，魏清江，范海滨译 . —北京：机械工业出版社，2019.4（2020.1 重印）

（清领五种）

书名原文：The Responsibility Virus: How Control Freaks, Shrinking Violets—and the Rest of Us—Can Harness the Power of True Partnership

ISBN 978-7-111-62453-0

I. 责⋯ II. ① 罗⋯ ② 方⋯ ③ 魏⋯ ④ 范⋯ III. 领导学 IV. C933

中国版本图书馆 CIP 数据核字（2019）第 061999 号

本书版权登记号：图字 01-2019-1163

责任病毒：如何分派任务和承担责任

出版发行：机械工业出版社（北京市西城区百万庄大街 22 号 邮政编码：100037）

责任编辑：邵啊敏

责任校对：李秋荣

印　　刷：北京文昌阁彩色印刷有限责任公司

版　　次：2020 年 1 月第 1 版第 5 次印刷

开　　本：147mm×210mm 1/32

印　　张：8.25

书　　号：ISBN 978-7-111-62453-0

定　　价：69.00 元

客服电话：（010）88361066　88379833　68326294　　投稿热线：（010）88379007

华章网站：www.hzbook.com　　　　　　　　　　　　读者信箱：hzjg@hzbook.com

杨斌 教授
清华大学经济管理学院领导力研究中心主任

悠兮其贵言

清领五种，重新集结，"选择本身就是一种创作"，诚如是。要说其中味道，可以说个"淡"字。

凡说起领导力，扑入脑海的就是"浓墨重彩"的英雄或者大抉择、关键时刻。就像是看管理案例的主人公，总是个总。久而久之，更助长了"领导力"的贵族专属性，对家庭中一人、组织中一员、群体一分子，如果你我皆凡人，则是没有多少领导力的话题好谈的。

这当然可反思，但不如做些什么，放几枝不一样的烟火。于是就有了这五种，五粒种子，播撒些"领导不艳、人自成蹊"的清领种子。

淡，是三点水与两把火的组合，说的不是水深火热，而是平常生活。不怎么轰轰烈烈的角色、情境，却是领导力极有意义的用武之地。有水有火，如《沉静领导》中混杂的人性，如《极客怪杰》中的老小孩与早当家，如《责任病毒》中的第一次推揽和责任悄然转换，如《温和激进》中的步步为营弱强腾挪，如《火线领导》中的动静拿捏与对立调适。

淡，细想却不简单，不是强加给你色香味，要靠你代入自己的体验。浅白无思的对错并非答案，字里行间有很多伦理上的辩难。沉下去心、伏下去身、轻推渐进、反躬自省，山丘过后，人不再是原来的那个，领导力的是与非也变得一言难尽起来。

淡，从不同的角度，五种各有纷呈。就不妨交替着看，彼此参阅。要说服别人，例证难免仍列举许多"功成事遂"；要征服自己，就得正心体会个中更多的"悠兮其贵言"。

感恩编辑的辛苦用心，这20年来一直陪着这五种书和她们的读者们一起走着、想着、沉淀着。

|目 录|

THE RESPONSIBILITY VIRUS

　　为什么很多领导者在工作中殚精竭虑,却依然无法避免失败?为什么有些高级管理人员一会儿是积极进取的领导者,一会儿却又变成消极的追随者?为什么当管理者努力促成合作的时候,1加1却小于2?大企业应该有所谓的"规模效益",但是它们往往并没有真的从规模中得到什么好处,这又是为什么?

　　在我开始从事咨询行业的最初10多年里,这些问题一直困扰着我。由于我曾与最高层管理人员有20年合作研究战略问题的经验,可以说,对这些问题我有着特别的发言权。我能够近距离接触董事长、CEO及董事会,与他们讨论决策中的有关问题,探询他们对自己、同事、组织的看法。有时经过他们同意,我还可以把他们的想法录下来。也有的时候,我会要他们写下自己是如何进行决策的。还有的时候,我就是静静地聆听、观察、做笔录。

　　在这20年里,我服务过的客户数量实在不少,其中有很多是全球性的大公司,比如加拿大铝业集团、美国电话电报公司、巴里克黄金公司、加拿大航空公司、美国米勒公司、Hiram

Walker、霍尼韦尔、国际镍业公司、美国科氏工业集团、摩尔公司、太平洋煤气与电力公司、宝洁、ServiceMaster 公司、汤姆森公司。其他很多公司是中型非跨国企业，大部分集中于两个领域：媒体与专业服务。媒体企业有广播电视、报纸杂志，以及广告代理。专业服务类企业包括律师事务所、咨询公司，以及经纪行。我的客户也包括一些公共服务机构，既有国家政府，也有大型国际非政府机构。

本书中的案例就取自我的一些客户的高级管理层。在这些案例中，真实的人面对真实的挑战，努力奋斗，而往往遭受失败的结局。这些例子极为令人痛苦和尴尬，所以我隐去了真实的情况（除了第 9 章中涉及我自己的那个案例之外）。我改换了具体的行业背景、地点、姓名、头衔，但其中的教训却是明白无误的。案例中的主人公可能会看出那就是自己及其组织，当他们读到这些内容的时候很可能会想起以前的种种不快，对此我预先表示歉意。

我写本书的用意是帮助人们避免一种自然倾向，防止他们错误地对待责任，以致妨碍他们实现自己的目标，破坏他们平静的心情。这么多年来与优秀、聪明的人共事，我现在相信人人都有可能会感染责任病毒。责任病毒会把领导者与追随者引向失败，减缓他们成长的速度，而且由于他们双方都意识不到责任病毒的存在，他们会反复犯下同样的错误。

幸好我们也有一些切实可行的办法能够使人们免受责任病毒的侵害。1993 年我们就已经弄清楚问题症结，但是直到 1999 年才开出处方。然后，我开始坐下来写书。这本书中有 1/3 是对问题的分析，2/3是对策。我的打算是用2/3的篇幅介绍一些任何组织和个人都可以用来保护自己免受责任病毒侵扰的简易工具。这样，他们无论是作为领导者还是作为追随者，工作都将更加有效。

本书能够写成，我要感谢很多人。首先我要感谢我的客户们。他们找我来帮助解决战略问题，其实这也给了我机会来了解一些情况，正是这些情况构成本书的基础。他们当中有些人为本书提供了一些重要的思想，其中包括沃尔夫冈·伯恩特、蒂娜·布朗、罗伯·哈维、帕特里克·梅雷迪思和弗朗克斯·理查德。我要对他们表示诚挚的感谢。

我还要感谢三位良师，他们教会我如何捕捉资料，如何对各种信号进行分析加工。其中第一位就是哈佛商学院荣休教授克里斯·阿吉里斯。从1987年起，他就给我提供了很多帮助，他的研究和思想给了我很多助益。但如果不是第二位老师，哈佛大学教授迈克尔·波特，我根本不会有机会与客户携手面对这些重要的战略问题。我和迈克尔教授在战略方面的合作有将近20年的时间。从1995年开始，哈佛商学院荣休教授迈克尔·詹森也参与进来，他对我的思想成型起了很大的帮助作用，而且给予我许多鼓励。

要把头脑中的想法变成书稿，这需要很多帮助。首先是马尔科姆·格莱维尔，通过他，我认识了文稿代理蒂娜·贝内特、詹克娄和奈斯比。蒂娜真是我的好朋友、好代理、好帮手。本书中处处闪耀着她的智慧之光，而且每当我们遇到挫折的时候，总是她充满了干劲与决心，一心要做好这个项目，重振我们的信心。蒂娜又介绍我认识了Basic Books出版社的编辑，可爱的利兹·马奎尔,她对本书充满信心。本书历时四年完成,中间换过两家出版社。利兹运用自己的技巧指导我们通过重重的波折,她的建议使得本书更加完善。有她在,我们工作起来就无后顾之忧了。

利兹所做的最明智的事情之一,就是介绍我认识优秀的文字专家威廉·帕特里克。我这个人长于思考,却不擅长驾驭文字,他肯来帮我,真是让我万分感谢。多亏他的妙手安排,重新整理,去芜存菁,经过他的加工,本书可以说是焕然一新。我的同事米尼亚·莫德维教授也提供了不少宝贵的帮助。他不仅加强了本书的严谨性,更将其放到了更广泛的学术背景之中。这主要是他的功劳。

在本书的写作过程中,很多人都提供了帮助。行动设计公司的戴安娜·史密斯有好几年的时间和我并肩工作,向我介绍了框架试验(见第8章),并提出了"推论阶梯的斗争"(见图7-2)。我在咨询公司的同事桑德拉·波卡斯基,绘制了结构化决策流程的最初草图(见图7-3)。在我从事咨询工作的整个生涯中,一直是她帮我把想法变成一目了然的图表。我的弟弟特里·马丁数次通读书稿,提出了很多建议,对我的帮助很大。我的老同事凯西·哈里德自从我第一次说出"责任病毒"这个词就开始帮我在编辑出版方面忙前忙后。两年前,苏珊娜·斯普莱格也参与进来,成为我们团队的一员。

我的妻子南希及三个孩子劳埃德、詹妮弗和丹尼尔对我非常的支持与理解。我总是在卧室里写作,而不是陪他们一起在阳光下玩耍。如果没有他们的支持,责任病毒可能依然存在,《责任病毒》

却不会问世。

最后，我要感谢我的父母。本书体现了我父亲劳埃德·马丁对商业的远见，以及我母亲戴尔芬·马丁对人的行为的卓识。

本书的写作是发自内心的，希望也能打动读者的心。希望它能引起你的共鸣，给你带来几个好的想法，使你的生活更加美好。

我们还需要英雄吗

纽约市市长鲁道夫·朱利安尼在"9·11事件"之后，由于领导得力，一时间成为国家的英雄。事件发生后，朱利安尼不分昼夜地工作，他到世贸大厦废墟，到救火队驻地，到医院、太平间，到金融区等各处视察援救与重建工作，安抚民众，同时帮助纽约证券交易所这个世界金融的心脏在短短一周内恢复运作。

此时的朱利安尼声名鹊起，不但当选了《时代》杂志的年度人物，还获得英国名誉爵位。但是仅仅几周以前，他还因为在长期的执政中过于独裁而饱受非议。他的工作也并非一帆风顺，比如在纽约公立学校的问题上，他就一败涂地。

那么，为什么有时候他的领导很有效，有时候又效果不佳呢？造成这种差别的根源又在哪里呢？

归根结底，这种差别来自领导者所发出的最初信号。

大家都认为世贸大厦的危机决不是任何个人或单一组织能够处理的。朱利安尼向纽约市、向全世界发出了一个正确的信号："我们要同舟共济。"他表示自己将倾尽全力，但同时也清楚地表明，他需要千千万万人与他一同全力以赴，倾注自己的力量与智慧，唯有这样才能成功地渡过难关。整个城市都要从碎石瓦砾中站起来，而他就像一部二战电影中浑身污泥的中校那样一马当先，激励士气，工人往外运送伤员的时候他也帮着清理地沟，后来又与大家一起铺设将要再次点亮证券交易所的电缆。

在纽约公立学校的问题上，市长大人发出的信号可是截然不同的。他对教育管理当局和教职员工说的话，说白了就是："我说了算，你们说了不算。"面对危机，他试图夺取控制权而不是寻求合作，这相当于告诉大家，他的领导规则的第一条就是"要么照我说的办，要么拉倒"。本来要让这件事情获得通过，需要几百个人的共同努力，但他这么一说，大家就都站到一旁袖手旁观了。他们变成被动的追随者，眼睁睁地看着他失败，可能还有几分幸灾乐祸。

好莱坞电影与历史教科书中充满了"我说了算"的领导者，这些形象深深地印在我们的脑海里。当危机出现时，我们总是盼望着能有一位勇士策马飞奔而来，控制住局面，给我们带来安全感。事实上，这种领导方式并不起作用，非但不能激励我们共同参与，反而往往招致他人的消极被动与疏远。

乔治·华盛顿和温斯顿·丘吉尔都是英雄式领导者，他们也能在万分紧急的时刻激发自己的追随者全力以赴，而人们之所以特别敬重他们，在很大程度上是因为像他们这样的人太少了。伊斯特伍德和布鲁斯·威利斯这样的大英雄能独闯龙潭，则是瞎编乱造。

几十年过去了，约翰·肯尼迪的和平队风采依旧，而一届总统任期未过，金里奇的《美利坚契约》已经被人们抛在脑后。其中很大一部分原因就在于这两个人的领导风格不同。金里奇很聪明地从基层民众的问题入手，并进一步将它推广成全国的问题，从而使共和党在议会中占据了大多数席位。但是他在《美利坚契约》中传达的信息是："投我们一票，然后就等着看我们的吧。我们会把一切都料理好的。"和平队体现的却是肯尼迪的名言："不要问你的国家能为你做些什么，而要问问你能为自己的国家做点什么。"

如果危机来临的时候领导逞英雄，自己单枪匹马玩命地干，不知合作，不知让别人分担责任，那他们其实就是自取失败。

这些英雄式领导者之所以失败，与下属的好意密不可分。他们相信当情况危急时，就该让领导出马，控制住局面，而全然不考虑他们有没有这个能力。大家都觉得只要下属稍有畏缩之意，领导就该单方面行使控制权，承担起大量的责任，而下属只要在一边看着就好。

当一个人在考虑领导与责任问题的时候，往往有一种非此即彼的倾向，而我们的反应是会发生变化的，并且会互相传染。

一个人会很快地对形势进行一番评估，然后就打算承担起这个重任。但是当我们响亮地喊出"我说了算"的时候，潜台词往往是"你们说了不算"。就像纽约公立学校那件事情一样，每当有人说"我说了算，你们说了不算"时，对方往往会发出这样一个信号："好，我明白了。你说了算，我们说了不算！"他们的这个信号会带来一连串反应，最终导致失败。

当英雄看到了畏缩、消极的信号时，总是试着填补空缺。这使得消极的一方感到自己受排挤，于是就更向后退一步，直至最后放弃所有的责任。这样一步一步越陷越深。

当这个循环快要结束的时候，消极的一方会变得疏远，喜欢冷嘲热讽，做起事来无精打采。然后，逞英雄的一方就会看轻另一方，为自己要承担起全部的重担而愤愤不平，最终则会被压垮。

被压垮的不仅仅是英雄式领导者，面对失败，谁也摆脱不了干系。这种领导方式会破坏协作精神，导致误解和互不信任，最终领导者和追随者的决策能力都会下降。

这种单方面的英雄式领导方式在各种关系中都可能出现，而且会在组织中互相传染，就像病毒一样。各方的角色也不是固定的。同一个人，这一次可能扮演英雄的角色，下一次可能就是个消极的追随者。我所说的"责任病毒"总是因恐惧而起的。

在众多的研究中，心理学家向我们指出，我们非常害怕做出错误的决策，以至于我们会避免做出决策，甚至害怕被人视为决策者。社会心理学家、著名团体行为学者欧文·贾尼斯及其同事发现，当受试者即将知晓自己的决定是否"正确"的时候（决定是否与其喜好相吻合），心律会大幅度加快。[1] 社会认知心理学家利昂·费斯汀格告诉我们，当面对两个看起来不相上下的选择时，很多人会通过拖延来避免做出选择，或假装二者其实是一回事而不必做出选择，或找人替他们做选择，或夸大一个选择的优点和另一个选择的缺点，以造成好像没有什么可选择的假象。[2]

如果我们有同事可以分担决策的责任，就不用担心自己会后悔或失败，这样我们的决策能力就能提高吗？可惜，事实往往恰恰相反。在很多时候责任是可以很合理有效地进行划分的，但是对失败的恐惧会促使我们如前面所说的那样走向两个极端。这两个极端使我们无法进行有效的合作。

责任病毒就像感冒一样，无所不在，而且由来已久。哲学家

黑格尔就曾描述过独裁与顺从之间的转换，他称之为主仆辩证法，并认为这是人类历史的驱动力之一。³

这种情况有时候无关紧要，有时候却有严重的后果。有时候你可以在篮球场上看到某位天分超群的球员支配欲太强，在短时间内他一个人还能支撑，但很快球队的其他队员就不认真打球了。一开始他们可能只是没有机会组织进攻，接下来就是在防守时也不积极，跟着就要输掉整个赛季。此时，天才选手的命中率再高也没有用了。

当恶性责任病毒发作的时候，可能导致商业丑闻，甚至政治暴行。每当有人摆出一副受害者的样子，说自己"受到蒙蔽"或"只是在执行任务而已"，我们就知道责任病毒又发作了。

安然公司破产案就是最好的例子。在这个案子中，将近1000亿美元的股东价值被一笔勾销，数千人失业，退休计划泡汤，相关各方纷纷站到前台来，看似真心地表白："这不是我的错，我只是在做自己的工作而已。"这怎么可能呢？面对如此"壮观"的破产案件，所有的会计师、律师、投资银行家、高级经理、内部审计人员、政客、立法者，他们统统没有责任？答案在于责任病毒带来的小而完美主义倾向。在恐惧失败的驱动下，各方都把自己的职责范围缩小，这样他们就能对自己、对他人宣称在这块小小的领地上取得了胜利，但是这些领地之间的鸿沟却使得一家巨型企业轰然倒地。

尽管责任病毒无处不在，但是发现这种病毒还是近来的事情。难怪此前一些试图解决这方面问题的努力无功而返。一般而言，人们的解决方案往往是改变组织结构，但是有很多问题并非出在正式的权力结构和职务描述中的。

其中影响力最大的就是授权派。这一派认为，权力过于向上层集中，军队式、层级式的命令与控制型组织结构剥夺了组织成员的力量，使他们感到自己只是棋盘上的小卒子或上级手中的玩偶，不能发挥自己的实际能力。只要上级放松自己手中的权力，把决策的权力和责任全都推给手下，这些得到授权的同事的工作热情和协作精神就会迅猛高涨起来。据说这种授权型的组织将会击败那些命令与控制型的组织。

我看到有几位客户的公司就采取了这种行动，但是效果远没有授权派所说的那样神奇。相反，我看到他们当中很多人都失败了。得到了授权的雇员并没有如预料的那样热情高涨，也没有如预期的那样积极主动地工作。不管他们的实际能力如何，按照授权派的刻板教条硬把重大的责任强加给他们，结果只能是削弱他们的能力，导致局面混乱和士气低落。

从我多年来为各种组织机构提供战略咨询的经验来看，我认为责任病毒的根源并不在组织结构上，而是在人的内心深处。艾伦·朗格曾经研究过一些赌徒，每当他们预测对了的时候，他们就说这都要归功于自己，而要是错了，就怪运气太差。这是人的天性，如果万事大吉，就要争夺荣誉，一旦出了问题，就要逃避责任。[4] 这就是在失败的时候使风险最小化，在积极的情况下使个人收益最大化。正是这种内在的驱动因素使得我们走向承担过多责任或逃避责任的极端。

至于究竟走向哪一个极端，就要取决于我们对对方行为的反应了。这个反应可能很微妙。一点点的畏缩或困惑的表情就可以激发"英雄式"的反应，而自信的表情或者坚定的语调会激发消极被动的反应。与此同时，另一方会对自己所看到的行为做出判断，决定自己是要进一步承担更多责任还是逃避责任。

病毒的感染并不会到此为止。责任病毒会驱使英雄式领导者承担起过多的责任，让他根本就无法承受，最终导致失败。当失败近在眼前的时候，承担了过多责任的领导者会突然转变，开始逃避责任，以此躲避即将来临的痛苦和责任。领导者会说："我尽力了……别人都不好好干……谁也没想到会这样。"但是他们这样否认自己负有责任，就会给被动的追随者发出信号。

追随者虽然把追求成功的责任全都交到英雄式领导者的手里，自己袖手旁观，却也无法解除自己与失败之间的联系。他们会看到两件事情：一是失败的痛苦，二是英雄式领导者的转变。这种双重创伤会使得这些追随者采取极端行动，转而承担起过多责任，设法确保自己再也不必依赖于令人失望的领导者。

这种承担过多责任与逃避责任之间的反复转变永远不会结束。对失败的恐惧首先迫使他们采取极端的立场，承担过多责任或逃避责任的立场又会招致失败，失败又使他们转向另一个极端。然后就是循环往复。

这可不是劝告领导者不要逞英雄、告诫追随者积极主动一点就能解决得了的问题。英雄式领导者和消极被动的追随者采取的都是他们在此时此刻视为最佳的行动。组织调整也不能解决问题，因为无论权力是分散式的还是集中式的，都不能改变人们的互动机制。除非你能打破恐惧机制本身，否则不论你采取什么样的组织结构，英雄式领导者和消极被动的追随者还是会不断涌现出来。

单纯地让更多的人参与决策也不起作用。有关集体思维[5]和集体行为与规范同一性的书籍已经说得很明白。[6] 在这种情况下，如果决策中有他人在场，只会使决策者更加怀疑自己有没有做出决定的权力。

这样的做法不能消除挫败感，而只能为呆伯特漫画⊖提供取之不竭的素材。为了做出更好的决策而组建的团队举步维艰，最终难免失败。对委员会的决策感到彻底失望之余，人们又开始鼓吹起"单人负责制"。

这种"以人为本"方法的最终结果就是，虽然公司的规模越来越大，能够投入某个具体问题的管理者越来越多，决策本身却没有丝毫的改进。如果要说有什么变化，那就是变得更糟了。

现在的决策变得更加重大复杂，但是可以用于决策工作的资源却没有增加，因为在责任病毒的压制下，协作的效率很差，甚至根本就没有协作可言。决策失误更加屡见不鲜，因此人们呼唤更加富于英雄主义色彩的领导者。这种愿望只能加强病毒的力量，造成更多的失败，于是人们就再呼唤更加富于英雄主义色彩的领导者，如此周而复始，越陷越深。

人们迷恋英雄式领导者，到了公司里就崇拜 CEO，这并没有什么可奇怪的。但是这只能加强责任病毒的力量，造成更深的互不信任与误解。英雄式领导者不知道正是自己的所作所为造成了追随者的消极被动，反而逐渐觉得这些追随者十分可悲，根本不配接受自己的领导。被动的追随者也意识不到，正是因为自己的举动才造成领导者的高高在上和英雄主义作风，而逐渐感到领导者喜欢指手画

⊖ 由美国漫画家史考特·亚当斯创作的，反映公司管理和各种荒诞言行的漫画系列。

脚、不通人情。双方都会对对方的动机产生怀疑，并且相互嫌恶。

当失败来临的时候，追随者会痛恨领导者令他们失望，而领导者则痛恨追随者一点儿忙也不帮。双方都意识不到，自己在这种问题与失败中扮演了什么样的角色，而只是一味地相互指责。他们都下定决心，决不让这样的事情再次发生。但是他们的具体做法却倒向另一个极端，所以同样的事情很有可能会再次发生，因为谁都没有从失败中学到教训。

失败，再加上未能从失败中学到东西，致使领导者的决策技能很难得以提高。被动追随者不是从错误的决策中学习，而只是指责领导者，这意味着他们也没有检验和提高自己的决策技能。

如果我总是和比自己强太多或者弱太多的对手打网球，我的网球技能就会萎缩。决策技能也是这样。在这个组织情况错综复杂的世界上，共同决策与有效协作是必不可少的。如果拿不出更好的办法来有效分担责任，21 世纪的组织将会陷入混乱而无法改变自己的处境。

我曾与许多组织一起并肩作战扫除病毒。在这 20 年里，我发明了一系列工具，这些工具越过组织结构的层面，把矛头直指问题的核心。

第一个工具是"结构化决策流程"。这个工具帮助团队成员进行有效的相互协作，而不是一下子就进入英雄式领导者或者消极被动的追随者的角色。它利用团队的力量来做出更高明、更可靠的决策，并且获得团队成员的支持。这些决不是单个人所能做到的。

第二个工具是"框架试验"，能够帮助深陷于承担过多责任或逃避责任的泥潭、饱受互不信任与误解之苦的人改善与他人的关

XXII

系，增强他们与别人合作的能力。

第三个工具是"责任阶梯"。这是一种个人发展的工具，用于促进下属与上级合作，增强他们承担责任的能力，防止上级承担过多的责任。

第四个工具是"重新定义领导与追随"。新的定义能够同时帮助领导者与追随者避免走向承担过多责任与逃避责任的极端。

通过综合应用这些工具，我们就可以防止英雄式领导者的出现。在困难的决策中，往往会有人出来逞英雄。这些工具可以帮助我们形成新的领导与追随的方式，克服我们对失败的恐惧。从中我们得到的好处包括更好的协作，组织能够做出更好的决定，我们将能够更好地理解和信任自己的同事，并且大家都能更快地提高自己的技能。

01

| 第一部分 |

责任病毒的机理

第 1 章

THE RESPONSIBILITY VIRUS

什么是责任病毒

　　麦克是著名杂志 *Wapshot* 的出版商。他年轻气盛，精明能干，像他这样的人，浑身精力无处发泄，每周要去五次健身房。

　　麦克的事业虽然遇到过几次波折，可也算得上是成就非凡。尽管如此，他还是很看重在 *Wapshot* 的这份工作，这是他到目前为止最重要的一次跳槽。人们一直公认他是一个后起之秀，媒体尤其关注他这份新工作，他知道现在人们仍在注意着自己。此时的成功将巩固他在杂志出版业的领导地位，而一旦失败，则会让他在公众面前颜面尽失。

　　Wapshot 的工作并不容易做。麦克上任之前，广告收入一直在缓慢下降，而广告收入可是现代杂志的命脉。经过初步分析，他制定了两个明确的目标。第一，必须扭转广告页数逐期下降的局面。第二，提高每页广告的平均收费。这是稳定杂志收入、改善财务状况的唯一方法。

　　麦克增加广告页数的能力是众所周知的。大家都知道他会不断督促销售人员，让他们跟上他近乎疯狂的节奏，在以前的工作中他就一直是这么干的。因此，没人愿意带着销售额不佳的坏消息走进麦克的办公室。

　　收入的增长速度还是不尽如人意，而这个坏消息又会带来更多的麻烦。有一份权威的行业刊物每年发布两次著名杂志的广告总页数。如果任何杂志的成绩不佳，这本刊物会做出负面评价，而销售人员在向广告客户吹嘘自己的杂志如何受欢迎的时候，就会遇到困难。麦克明白，*Wapshot* 的业主路易斯很注意这些负面评价，他随时可能再换一个新的出版商，来赢得正面评价。

　　所以麦克早上接到一个电话后被气得火冒三丈。上任后他首先做的就是请卡洛琳做公司的副总，专管销售。卡洛琳漂亮迷人、衣着得体、性格魅力出众，人们都说她是个销售天才。但自从来到 *Wapshot* 后，卡洛琳的工作并不顺手。这工作比她以前做过的所有销售工作都要复杂。广告客户有更多的选择，没有必要非得通过他们来进行宣传。

　　电话中说一家大型电脑公司要放弃与 *Wapshot* 合作的广告计划，这使麦克大为恼火。在同这家公司及其广告代理会面之前，卡洛琳要过来与麦克谈谈怎么才能保住这个计划。

　　卡洛琳来到麦克办公室时，她的活力和魅力都不见了。她低着头，耷拉着肩膀，一副松松垮垮的样子。"这个会真的很重要，"她嘟囔着，好像在自言自语，"也许你该参加。麦克，你可能还得帮我做陈述。"

　　麦克本来就余怒未消，看见卡洛琳这副没有信心的样子，不禁更为恼火。"当然，我会去的。"他说。但看到她那畏畏缩缩的样子和空洞的双眼，他又说："但如果我去，我应该唱主角。如果出版商列席会议，却坐在房间后排的位子上，那会显得很奇怪。"接着他挤出一丝微笑，对她说："你写份陈述稿……然后我们再讨论。"

卡洛琳好不容易才把业务陈述交上来，但当麦克看到初稿后，心里更替她担心了。他拿过陈述稿，从头到尾修改了一遍，边写边想卡洛琳怎么这样差劲。最后，麦克不仅参加了会议，他还做了业务陈述，他多年历练出来的谈话技巧使每个人都心悦诚服。接下来的讨论也是他主持的，而卡洛琳只能像根木头一样坐在那儿。

卡洛琳非常感谢他的帮助，但是每当她看到自己的上司忙忙碌碌，她的自信心就会受到更大的打击。在接下来的日子里，麦克完美的陈述始终浮现在她的脑海中，她也不主动去管电脑公司的广告业务了。麦克因为做了陈述，更得参与到业务中来。为了完成这份"援救工作"，他不得不直接参与进来。

在这之后，每当准备重要陈述的时候，卡洛琳都会来征求麦克的建议。看到她这样犹豫不决，麦克不仅提供了建议，还提供了直接的帮助。准备和进行陈述占去了他越来越多的时间。他的陈述做得很精彩，但这些额外工作妨碍了他做其他工作，他作为出版商应该思考公司的长期战略，可是现在连这个时间也没有了。

麦克开始对卡洛琳感到不满，觉得她缺乏进取心。"她像只绵羊一样，"他想，"就那么眼睁睁地看着情况变糟，然后来找我帮忙，于是我只好插手挽回局面。我感到很累。我好像总没有时间来完成自己的那些工作。她总是叫我去解决广告销售中的琐事，没完没了。"

卡洛琳感觉到了麦克的沮丧情绪，他显然已经对她失去了信心，而这更加动摇了卡洛琳本已岌岌可危的自信。卡洛琳在会议上越来越依从于麦克。即使对于自己完全有能力决定的事情，她也不敢拍板。

同时，麦克的工作使他感到极度疲惫，他觉得所有的担子都压在自己肩膀上，但工作却毫无进展。一天天过去，雇员们似乎越来越无所适从，而他则感觉每天都像参加灭火演习一样紧张忙碌。更糟的是，他觉得自己孤立无援，非常痛苦。就连和员工们讲话他都觉得受不了，觉得他们也都像绵羊一样，把他的生活搞得一团糟。

卡洛琳看到麦克一个会议接着一个会议，一个陈述接着一个陈述，手忙脚乱，不像个领导的样子。他越来越不愿意搭理卡洛琳，说话总是带着刺，这使她很受打击。麦克甩开卡洛琳直接与销售人员接触，这使她很没脸面，而麦克盛气凌人的态度又吓到了这些销售人员。卡洛琳不断质疑自己的作用，对自己的能力提出疑问，不知道自己是否适合这个工作。

尽管麦克十分努力，广告销售仍在下降。终于有一天卡洛琳泪流满面地提出辞职，她说自己在这个位子上深受挫折，无法与他一起工作。麦克十分惊讶。他虽然把卡洛琳挽留了下来，却惊讶地发现卡洛琳竟然没有半点感激之情。

由于业绩下滑，路易斯对所有人都施加了压力。麦克因此更加努力工作，但再怎么努力，日常工作仍是一团糟。麦克还不知道，路易斯打过几个电话，希望再找一位杂志行业的新秀，为的是以防万一。

Wapshot 的办公室人员感染了责任病毒，这是一种机会性传染病毒，平时可能不明显，但当出现挫折的时候就会发作。

在上例中，电脑公司决定不在杂志上做广告，这一巨大的打击损害了麦克和卡洛琳两人的免疫力。麦克知道他的首要任务就是改善杂志的广告销售状况。但销售额却没有上升，如果再失去电脑公司这个重要的广告客户，无疑是雪上加霜。

大家都知道，雇用卡洛琳是麦克作为管理者所做出的最重要的决定，但现在看来这个决定做得不好。对于卡洛琳来说，失去这个客户使她个人产生失败感，因为保住客户本来是她的责任。其实即使电脑公司不撤回计划，她也已经很难达到自己的目标了。麦克和卡洛琳都感到恼火而难堪。害怕和失败的气氛抑制了两人的免疫力，对于责任病毒来说，正是发作的好机会。

怎样才能避免这个问题呢？怎样做才能避免感染责任病毒，防止病情全面爆发呢？

麦克不应大动肝火，他应该抑制自己的担心，鼓励卡洛琳，宽慰她，告诉她就算工作做得再好，也难免会失去一些客户（确实如此），并让她相信问题能够得到解决。他本应提供建议，让她知道怎样挽回一个客户，怎样构建一个新的陈述。他本可以教卡洛琳在会上怎么做，可以让她来主持同电脑公司及其广告代理的会议，而他自己只要从旁协助即可。这些步骤都可以使卡洛琳提高技能，做出更好的选择，承担更大的责任。

卡洛琳本不应这么快就退到一旁。她应表现出要改进的愿望，而不是无助沮丧的样子。她应该请麦克对自己的决定给予评价，这样就可以了解在同样情况下，麦克会怎么做。而且她应该同麦克一起讨论新陈述的内容。这些做法都可以使她所承担的责任同她的能力恰好一致。

这样他们可以相得益彰——两个人的技能相结合，其结果比任何一方单独工作都要好。然而事实上，麦克承担了取得成功的全部责任，而卡洛琳则完全放弃了自己的责任。

如果问问这两个人为什么要参加那次会议，谁也不会说是为了现在这个结果。但这确实发生了。为什么呢？因为人们往往要么承担责任，要么放弃责任，走两个极端。这是人的一种根深蒂固的想法。

人类的许多基本情感反应都有一种所谓"所有或没有"的特性。这可以追溯到肌肉收缩这个层面上，每条肌肉纤维要么"收缩"，要么"不收缩"。在害怕的时候，这种非此即彼的情况尤其明显。害怕会导致对抗或逃跑两种反应。这是一系列的瞬间生理变化，如皮肤充血。这是来自我们进化过程中的一种紧急情况报警系统，可以帮助我们摆脱麻烦。由此一来，对危险就只有如下反应：对抗或逃跑，承担责任或逃避责任（见图 1-1）。

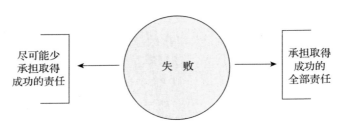

图 1-1　对于威胁或失败经历的典型反应

我们选择哪种反应？对抗还是逃跑，承担责任还是逃避责任？这是双方共同决定的。双方不需要用言语交谈，而且往往并不会意识到自己在做什么。我们表明自己的选择时，就像两个慢跑的人在狭窄的小路上迎面相遇。一个稍稍转向一边，另一个马上就会明白，从另一边跑过去。他们擦肩而过，没有说话，也没有撞到一起，也不清楚对方为什么要那样做。

责任病毒从一方传到另一方，让人无从察觉，就像是看不见的微生物一样。

麦克的反应是对抗性的，他承担了大量的责任，这向卡洛琳表明她应该承担相对低层的责任，也就是做出逃跑的反应。由于担心失败，他选择了力挽狂澜的策略，亲自负责做陈述，并与客户进行互动。而卡洛琳则由于担心失败而在心理上采取了逃跑的方法，也就是她默许了，或无意识地接受了这种局面。

我们也可以做出另一种解释——卡洛琳首先表示要放弃责任，这样就引入了病毒。她明确地请求麦克参加会议，并做陈述，但她缺乏信心的表现其实是暗示他来做所有的选择。他收到了这一信号，并做出相应的反应。

无论是谁先开始，无论以什么方式，只要有一方做出一点举动，另一方就会走向相反的方向。对抗或逃跑的反应会释放大量的应激激素，不让我们在判断之前先考虑清楚。此时我们的反应是快速的、本能的，但在现代世界错综复杂的情况下，这些反应常常是不正确的。

在面临失败的时候承担领导权和全部责任，会使我们将自己看成英雄，并且自我满足。我们会把另一方看作绵羊，没有我们的领导他们就会迷路。渐渐地，我们会认为他们没有接受和承担新责任的能力。结果我们常常主动承担更多的责任。当责任越来越重时，对于那些心怀恐惧的同事，我们又开始憎恶他们的依赖感太强，我们将自己视为唯一可靠的人，因此必须承担不成比例的责任，尽管这可能造成个人的负担和牺牲。

由于对卡洛琳和自己所处境地的沮丧和气愤，麦克看不到其他选择，只能继续承担起过多的责任。他感到了来自各方的威胁，因此动不动就承担责任。卡洛琳只要稍有犹豫，他就会承担起更多的责任。

由于麦克比卡洛琳经验丰富，能力更强，因此承担所有这些责任都在他的能力范围之内。广告销售是卡洛琳的工作，而不是麦克的。麦克的工作是出版。麦克的这一工作是其自身事业发展的重要一步，如果没有广告销售的责任，他也可以加强自己在出版方面的能力。

终于有一天，就连麦克也承受不起如此众多的责任了，他开始感到举步维艰。他所走的这条道路，就是一条典型的由一个诱因到承担起争取成功的全部责任的道路，如图 1-2 所示。

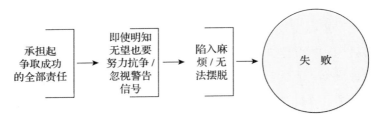

图 1-2　承担过多责任的最终结果

卡洛琳继续逃避责任，渐渐变成了被动的跟随者。她开始感到很不自在，感到自己依赖于领导，而这位领导虽然很有存在的必要，却并不十分可靠。她希望麦克做陈述是因为他的能力更强。但她希望他不应该匆匆忙忙在最后一刻才冲进会场，看上去一副心不在焉的样子。不论如何，麦克在销售方面非常出色，相比之下卡洛琳觉得自己更不行了。她不断地后退，自己的工作也逐渐不参与了。

在放弃责任的同时，她却越来越多地将失败的责任归到麦克头上，她开始厌恶他那种"专横""控制一切"的作风。所有的决定似乎都由他做出，一点都没同她商量。在卡洛琳看来，这让她更难获得客户的信任。会后客户总是与麦克联系，而不是找卡洛琳。

对于卡洛琳来说，她最初本能地逃避责任的行为会带来一系列的举动。这些举动最终不可避免地导致痛苦的失败（见图1-3）。

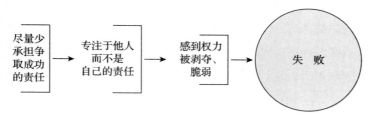

图 1-3　逃避责任的最终结果

责任病毒会形成一个封闭的、自发的世界。这个世界中产生的信息会使我们更坚信自己的正确性，支持我们自己的行为，而这些行为又会产生更多的信息，让我们越发相信自己是正确的。

麦克认为卡洛琳太过消极，而卡洛琳则认为麦克太咄咄逼人。卡洛琳用后退来回应，这让麦克更加相信他对卡洛琳行为消极的看法是正确的。这一判断让他更加咄咄逼人，而这反过来又让卡洛琳更加确信自己的看法是正确的。结果，不管他们一开始的看法究竟是对是错，后面发生的情况都好像是证实了他们原先的看法。

我们不仅会自以为是地判定别人的能力水平，还会强化我们对他人的性格和积极性的消极看法。领导对员工的看法是，不负责任、懒惰而不思进取；而追随者对领导的看法是，傲慢、无礼、好斗。我们头脑中存有了这些偏见后，我们就会走极端，就会疏远对方。我们互相沟通的时间越来越少。我们并没有停下来，想一想我们对他人的消极看法是否站得住脚。这样一来，通过沟通来扭转这种形势的机会就更小了。

我们对因果关系的理解往往过于肤浅，更强化了这种非此即彼的思想方式。艾伦·朗格等心理学家曾证明，我们大多数人都想要得到更大的控制权。[1] 另一些心理学家，比如托马斯·吉洛维奇的研究表明，我们认为责任是不能分割的。[2] 换言之，不是你说了算，就是我大权在握，总之只有一个人能够有控制权。

这种封闭自发、非此即彼的思想方式使我们对未来充满了消极的看法。这种病毒不但不会自行消失，而且会传来传去，越来越厉害，变得更加难以对付。每个人都感到不舒服，都觉得哪儿有点不对劲儿，但是谁也说不出到底是怎么一回事。由于我们对正在发生的一切缺乏沟通，我们每个人都认定别人不行，都感到没有指望了。

这种没有指望的感觉事出有因。正如我们所看到的那样，不论是承担过多的责任还是逃避责任，通常都会导致失败。失败，或者惧怕失败的感觉，正是恶性循环的开始。不幸的是，第二次失败会触发新一轮病毒的产生，如此循环往复，直到整个组织崩溃。

由于病毒的作用，当失败来临的时候，逃避责任的一方会一下子跳到承担责任过多的一端，而原本承担责任过多的一方，又会一下子跳到逃避责任的一端。

　　这种跳跃可能来自对大厦将倾局面的绝望，也可能是因为我们试图使自己免受失败的痛苦。当我们承担责任过多时，我们会说："我已经尽了全力，呕心沥血，苦苦支撑，可这些人全都忘恩负义。我受够了。也让别人来尝尝这个滋味吧。我得坐下来歇歇了。"

　　如果我们本来是逃避责任的一方，我们会说："我把自己的命运托付在领导手中，可他根本不拿我当回事，对我的工作视而不见。我的失败就是由于他的无能。不行！我要把命运掌握在自己手中。"

　　随着这种跳跃，我们又开始了新的循环，或是逃避责任，或是承担过多责任。我们把自己的伙伴推到另一个极端，准备迎接即将到来的失败（见图1-4）。

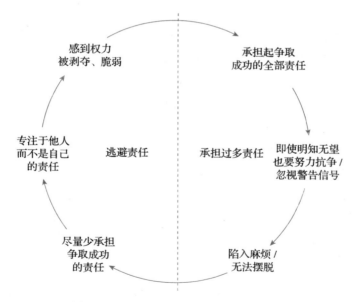

图1-4　承担过多责任/逃避责任的循环

回到 *Wapshot*，麦克把卡洛琳的工作减少了一半，但仍然成效甚微，这使麦克感到绝望。"她根本不像我聘用她时所想的那么能干。"麦克分析道："如果我根据她的实际能力减轻她的工作负担，她没准还能干好。"他又聘用了另一位副总裁迪亚特，让他来负责以前由卡洛琳负责的一部分工作。几个月之后，麦克宣布自己退出广告销售的工作，由两位副总裁全权负责。这两位副总要是不能干出点名堂来，就炒他们的鱿鱼。

卡洛琳饱受失败和麦克对自己的态度的折磨，她承担起了自己广告销售的责任，但是再也不理会麦克，也不再向他寻求任何帮助。她咬紧牙关一头扎进工作中去，但仍然困难重重。由于不清楚怎样才能更好地履行职责，她又一次想到了辞职，开始寻找其他工作机会。

迪亚特来自一家大型杂志社，是一位颇有名气的销售经理。他比麦克年纪大得多，也比麦克沉默寡言。他是个典型的"企业人"。他习惯于在各方面的大力支持下工作，也习惯于经常性地取得成功。他曾就职的杂志社中，没有一家不是实力强劲的。他刚开始工作就遭到挫折，他的进展远远落在计划之后。

麦克告诫他要拿出点成绩来。他不明白迪亚特对手头的工作为什么采取这样一种松松垮垮的态度。

迪亚特工作了四个月，就辞职不干了。他的突然离职使麦克十分尴尬，因为麦克把迪亚特的加盟当成一步妙棋，对迪亚特所管辖的销售领域寄予厚望。迪亚特临别前的一番话始终萦绕在麦克的耳边。他说："你管得实在是太宽了。你不仅过问我的开支，还过问我如何管理我的销售人员。辅助职能机构的工作毫无效果，因为没有你，他们一动都不敢动。现在你又说，我是独立的，这都取决于我，我一定要带来广告页！不，谢谢了，不行，我可不想在这里栽个大跟头。"

麦克心情沉重地走进会议室准备同路易斯开晨会。进入新财务年度才三个月，杂志就肯定要超出预算了。卡洛琳让他彻底失望，她带着很大的情绪离开了。他还不知道其实她就在门外，他自己也马上要被人取代了。这三个月当牛做马地拼命干，为的是增加杂志社的广告收入，而他所做的一切带给他的却是极度的疲劳以及职业生涯的首次失败。

第 2 章

THE RESPONSIBILITY VIRUS

对失败的恐惧

杰瑞独自坐在全球产品公司总部的办公室里，心里想着查克刚才打来的电话。查克是一名证券分析师。

杰瑞在全球产品公司工作了 35 年，担任这里的第 5 任 CEO。他风度翩翩，有一双深蓝色的眼睛，总是面带微笑。但是此刻，他却满脸不悦，陷入了深深的思考。查克近 10 年来一直对全球产品公司赞赏有加，但他这次的电话却是为了让杰瑞多加小心。他在电话中说："这边的风声可是不大好。"查克和他的同事已经听惯了全球产品公司逆势上扬、一路飞涨、大幅攀升之类的说法了。没有几家公司的创新、客户服务和全球市场渗透能力能与全球产品公司相提并论，销售额和利润就更不用说了。然而，近几年来，全球产品公司的发展势头减缓了。查克打电话说，如果全球产品公司前景再不见起色，那么他马上就要把全球产品公司的评级从买进降到持有了。

杰瑞也觉得很奇怪，为什么公司的销售额增长这么慢，因为公司现在的状况还是不错的，特别是利润前景。但是，杰瑞在仔细考虑了公司 8 个部门近来的革新举动之后，意识到同 10 年前相比，这些革新举动多么缺乏创意，缺乏进取心，也没什么突破性。

他回想起与部门总裁以及各部门管理团队的战略会议。杰瑞听取各部门意见，可他发现这些会议并没给他留下什么深刻印象。他们的战略计划言之有理，但就是缺乏创意，太循规蹈矩了，缺乏打破常规的勇气。当他提出改进建议时，这些部门觉得他是在找碴儿而不予理睬，并未将其当成值得考虑的思路。他强令下面拿出更加积极进取的计划，但修改之后的计划和原先并没有什么两样。

虽然杰瑞是出了名的好脾气，但是当他坐下来想到分析师要降低他的公司评级时，真是快要憋不住了。如果他的员工只想混日子，那么开战略会议又有什么用？真正的领导并不受欢迎，忠言逆耳根本就没人愿意听。他知道他的员工可以做得更好，但他也知道他们连试都不想试一下。这可不行！他在过去的 35 年来为公司献出了自己的一切，其他人也要全力以赴才行。

他把各部门总裁召集在一起，告诉他们分析师的担忧。他明确表示，他的目标是在下一个财务年度将销售额翻一番，并说明他将亲自负责这个新目标。

部门总裁们礼貌地听着，但并不发表评论，其实心中颇有点愤愤不平。他们对待战略会议的一贯做法是"左耳朵进，右耳朵出"，在他们看来，为了现在的利润指标他们就已经忙得四脚朝天了。

会后，一位总裁鲍伯同他的副总瓦尔特坐了下来，解释杰瑞的新目标。瓦尔特说他会尽力而为，但是目前不能做出什么许诺。

"我没有那么多资源，怎么追求更高的目标？"他说。鲍伯点头说："尽力吧。"他同瓦尔特心照不宣。杰瑞到底想要什么？你还能从石头里挤出血来不成！

回去后，瓦尔特同自己的团队开会，他尽职尽责地创立了一个新的业务工作组来奉行新计划。他从自己的下属当中指定一人来负责这个班子，这个人当然还算不上他的左膀右臂。不管这话怎么说，瓦尔特明白他真正的使命是要把现实的工作做好。他决定主要精力还是要放在现有的业务上。

他发牢骚说："我自己也不过才从部门领导的岗位上下来一年。这次可真是有好瞧的了。我反正不可能实现那种发展目标。"

实际上，如我们在前面看到的 *Wapshot* 的案例，越是惧怕失败，就越会招致失败，所以往往是祸不单行。我们知道当焦虑占了上风时会发生什么。对考试的过度担忧会使你的大脑一片空白。如果你太担心把咖啡洒到杯子外面，你的手就会颤抖，最终你还是会把咖啡洒出去。

谁都不希望被烫伤，可是我们为什么会如此惧怕失败？鲍伯和瓦尔特心里都明白如果不采取行动，公司肯定会失败，那么他们为什么对杰瑞的计划连试都不想试一下？

这完全取决于个人的具体情况。但是同时，这也是个普遍存在的问题。

哈佛大学商学院的荣誉退休教授克里斯·阿吉里斯描述了一种所谓"主导价值观"。[1]大部分的人际交往背后都可以看到这些主导价值观的影子，它们就像计算机操作系统的源代码，指导着我们如何分析和应付这个世界的种种情况。任何年龄、任何文化背景、任何性别、任何经济基础和教育程度的人，都受到这些主导价值观的影响，它们是：

- 在任何交流中只赢不输。
- 永远要把局面控制在自己的手里。
- 避免任何形式的尴尬。
- 自始至终保持理智。

例如，当我试图向一位同事解释我为何觉得自己的计划比他的好时，受上述观念的影响，我在谈话中会：

- 让他相信我的计划比他的更切实可行。
- 在讨论中自始至终不走题，也不发生大的争论。
- 闭口不谈大家都支持我的计划。
- 我自始至终保持冷静，只讲道理，不牵涉个人感情问题。

随着时间的推移，我们会在交流中很有技巧地避免违反那些主导价值观，即使为此我们可能得到自己所不喜欢的结果。

在我上面的这段对话中，我的同事可能会觉得他的意见没有被当回事。他可能觉得我刚愎自用，今后可能会避免同我共事。这并不是我的本意，但根据上述主导价值观行事，很有可能出现这样的结果。

以上的四种主导价值观在我们身上汇聚在一起时，可能会加强对失败的恐惧感。只能赢不能输的观念实质上说的就是不能失败——输即失败。如果我们失败了，其他人可能会改变对我们的看法，可能不再让我们担负责任，以免重蹈覆辙。如果让别人控制局面，就违背了第二条价值观——永远要把局面控制在自己手里。任何的失败，由于是违背了第一和第二条价值观，都会令人蒙羞。这样一来失败又违背了第三条价值观——避免尴尬。最终，失败、失控和尴尬会迫使情绪表面化，这就违背了第四条价值观——保持理智，自始至终保持冷静，只讲道理，不涉及个人的感情问题。

当我们按照主导价值观行事时，失败就像一个巨大的阴影，一步步地逼近我们，我们会不惜一切代价避免失败。当我们无法避免失败时，我们会试图遮掩或否认失败。

当我们感到即将失败的时候，过度的恐惧会使我们的意识短路，使我们无法好好思考，这恰恰破坏了我们的理智。恐惧把我们导入"对抗或逃跑"的模式。这一反应十分原始，可以追溯至我们大脑的前额皮层（掌管高级推理的地方）进化之前的年代。对抗或逃跑的模式由位于脑干结构神经系统中一个独立的部位掌管，这个部位处于理性部分之前，其年代可能来自我们的远祖，那个时代我们的祖先还没有进化为人类，甚至还没有进化为哺乳动物。在进化表上的这个时期，情感是相当原始的，远不像今日这样的复杂细腻，而且都是关乎生存的。这也就是为什么恐惧极易转变成愤怒。二者间有着同样的化学反应，在大脑中的通道也是相同的。它们被直接连接到各种系统之中，这些系统通常需要做出即时的反应，甚至是相当激烈的反应。所以当恐惧出现时，就会触发这套机制，令我们肌肉紧张，心跳加快，分泌出大量的肾上腺素等应激激素。甚至，对可能失去一次销售机会或业绩不被人看好的恐惧，也会触发这些反应。这些反应足以淹没当你理性思考时，你的前额皮层所发出的理智的微弱声音。前额皮层是你脑中一个独立的、比较先进的部分，当你"动脑子"的时候，动的就是这一部分。

面对失败本身或对惧怕失败的担心，我们会立即做出选择：1）对抗，也就是我们对整个局面担负起全部责任；2）逃跑，意味着我们对局面几乎不负任何责任。

在主导价值观大山般的压迫下，如果我选择对抗模式，在面对失败或面临对失败的担心时，会力图通过扩大自己的职责范围来求得成功，但这经常会超出我能力所及的范围。这确保了我把命运掌握在自己手中。在理想的情况下，使我能够解决引起恐惧的问题。希望保持控制力的意念使我对局面担负起全责，抢先把责任揽到自己手里。为了避免尴尬，我不同别人商量就担当起责任来，因为要是把问题提出来，会暴露出自己内心深处其实觉得别人都很无能的想法。还有可能由于同别人商量，使自己的判断力受到质疑，并进而暴露出自己的无能。同其他人的讨论可能会使自己变得情绪化，结果使自己无法保持理智。

即使那些高智商，甚至从事高度理性化、需要严谨思辨能力的工作的人也不能免受这些问题的侵扰。心理医生的实际诊疗表明[2]，尽管科学家们口口声声说欢迎逻辑论证、开放的对话，以及批判性测试（科学的方法），其实他们也同样希望自己的理论和模型能够免受批判性检验。许多高度理性化、善于接受别人意见的经理也是如此——我和克里斯观察他们多年了。

在主导价值观的压迫下，合作是危险的，也是应该注意避免的。如果我同某人共事，要是他搞砸了，弄不好会把我也牵扯进去。在伙伴关系中，我不能自己控制局面。更糟的是，我还不得不参加许多可能会令人尴尬的谈话，这些都是我想避免的。

当我独断专行的时候，我跟自己说，我之所以避免讨论自己的策略，是为了不使他人感到尴尬。实际上，我是想使自己避开那种将我的弱点暴露出来的尴尬讨论——人们会对我担负过多的责任表示怀疑。同时这也是为了避免使自己承担的责任太明确、太可衡量。实际上，我所做的是使自己免遭失败，同时又巧妙地责怪他人需要保护，尽管别人从未主动提出过要寻求保护。

我把对抗的模式称作黑格战略。在里根总统遇刺之后，国务卿亚利山大·黑格在白宫发表了著名的演说"现在我来负责"。对黑格来说不幸的是，美国宪法规定，在总统遇到危机时，国务卿是第 4 号接替者。他一厢情愿地要来负责的说法成了喜剧的经典笑料。

全球产品公司的案例中，当证券分析师预测杰瑞的公司业绩增长不佳时，他开始感到恐惧。如果分析师不幸言中，在他的任期内公司停止增长的话，他担心自己会成为多年来第一个"没有赢"的 CEO。他太了解华尔街了，他知道如果不想办法让分析师满意的话，他们会闹到让董事会都知道，他就会失去控制权。这样，他本人和公司都会遇到极大的尴尬，到时候会弄得沸沸扬扬。四大主导价值观都将受到威胁。

当杰瑞的恐惧到达临界点时，他原始的求生本能占了上风。这些本能触发了自动的、非理性的对抗或逃跑的模式。杰瑞选择了对抗。他宣布了一个大胆的增长计划，而他并没有同主管的经理商量，听听他们的意见，也没有制订出一个关于如何实现这一目标的计划。他公开对计划承担了全部的责任，但其实他本人并没有能力自己实现这个计划。他想争取赢，亲自掌握整个进程，并希望通过自己的全权控制，来避免对公司所面临的问题进行讨论的尴尬场面。

从相反的角度讲，合作也可能是危险的。如果同我合作的人支配欲太强，我将没有控制权，但是我毕竟也参与其中，如果我们失败了，我也得跟着倒霉。要获得有意义的合作关系，我必须透露我有多么担忧和焦虑，这绝对令我尴尬。所以合作是一种我希望回避的威胁。

当我面对恐惧选择了逃跑的模式时，我沿着责任阶梯往下撤，撤到一个我确信自己能够成功的高度。我愿意管理一件很小、自己肯定能行的工作，来使自己处于完全控制的地位。我避免任何有可能暴露我对工作力不从心的尴尬局面。实际上，通过自己单方面的撤退，我还避免了与别人讨论自己的决定，那又会是一个尴尬的局面。我也力图避免把自己的感情表现出来。这样，尽管我其实已经完全乱了方寸，但看起来好像仍很理智。

在全球产品公司，鲍伯和其他部门的总裁还有瓦尔特和其他的副总裁都选择了逃跑。看看全球产品公司的文化，对此就感到不奇怪了。全球产品公司的文化是高度追求完美的。那些能爬上去的都是没出过什么毛病的人，他们都时刻惦记着要避免出错或避免失败。他们总觉得上级会提出批评，所以对自己百般挑剔。

完美主义使他们非常看重可靠的成果，恐惧使他们谨慎从事，当局面不清楚的时候，他们会遇到很大的麻烦。如果给他们定的目标很清晰，让他们独自负责，而这些工作成功的可能性又很高，他们不太会害怕。相反，如果他们不得不处理复杂的局面，而这些工作目标之间的关系错综复杂，失败的可能性又较大，他们就会十分恐惧。

所以，当他们面对增加销售额的挑战时，鲍伯、瓦尔特和他们的同事全都惊慌失措了。

一方面，他们可以在自己的部门明确而公开地实施一个大胆的增长计划。然而，这样做的话，他们达不到目标的概率就会增加。这样一来，他们就要面临个人的尴尬局面，还有可能受到不相称的惩罚。

另一方面，他们也可以明确而公开地反对在自己的部门实施这样一个大胆的增长计划。但是这样一来，他们会被人们认为没有领导能力，这也是失败，也会引来个人的尴尬，并会影响今后的晋升。

寻求小而完美是逃跑模式的一种变异。这是一种消极的策略，对面前的挑战给予重新定义，将其缩小，以便确保成功。这包括：

- 认同大胆的目标，但是把最复杂和最困难的问题转嫁给别人（通常是给下属，但也不一定），显得自己和失败没有关系。
- 避免认同大胆的目标，参照自己比较有把握的标准，为成功下一个新的定义。

在全球产品公司，小而完美的策略产生了巨大的问题。越来越多的高级经理把复杂的问题下放给基层经理，结果是使能力更弱的经理面对最复杂的问题。同时，缩小成功的定义还创造了一种环境，在这种环境里，解决的都是些鸡毛蒜皮的问题，解决方案也是东一榔头西一棒子，缺乏总体或者大胆的解决方案。

在各种机构里都充满了"黑格/对抗"模式或"小而完美主义/逃跑"模式的做法。这两种反应都会加重前面提到过的那些现象，妨碍了集体承担责任、群策群力解决问题。但两种情况又各有不同。

小而完美主义把整个责任分散开来，这样他就能负起责任，对成功也相对有理由更有信心。虽然在他们分管的小小责任区域里更有把握取得成功，但是把一个大问题肢解的做法本身必会导致大问题得不到有效解决。

瓦尔特把销售额增长的责任交给一个新成立的小组，让一个能力平平的经理来负责，这样瓦尔特对自己核心业务的管理可能会是成功的，但是对全球产品公司整个公司所必须实现的销售额增长却不会有什么帮助。瓦尔特的难题，在于如果他关注新小组的弱点，主动帮他们考虑面临的挑战，那么一旦小组失败了，他也脱不了干系，而他怕的就是这个。所以，对付增长计划所带来的威胁的最保险做法就是尽量不去想它，也不采取什么行动——他也正是这样做的。实际上，他的新小组的经理以及全球产品公司的其他大部分成员都未能达成增长目标。

大多数 CEO 都强烈抱怨他们机构里的小而完美主义综合征。他们抱怨各职能部门条块分割，抱怨孤立主义，还抱怨人们不知道识大体、顾大局。实际上，这些都是小而完美主义的表现形式，没有正面迎接真正具有压力的挑战。这些问题之所以没有引人注意，是因为责任病毒使人避免在困难的任务中进行合作，而这些困难的任务极有可能失败。

黑格式反应造成另外一种问题。独自担当起责任时，未来的英雄保持了问题的完整性，而不是将其肢解——这很好。但同时，他独自挑起重任，却不知道借用别人的技巧和能力——这就不好了。对 CEO 来说，如果任务远远超出他们个人的能力范围，结果会是灾难性的，就像杰瑞的例子那样。因为既然"大英雄"

一人独揽，其他人索性就袖手旁观，看着他唱独角戏，即使他已经被压弯了腰也不会伸手帮一把。

小而完美主义的反应可以在若干个基本互不相干的任务中获得成功，但是却摧毁了整个任务的全局性。黑格的模式保留了任务的完整性，却带来了全盘的失败。在这两种情况下，真正的合作都未出现。每个人都出于自己的主导价值观，出于对失败的恐惧而各自为政，但这些任务却需要他们的通力合作。

如先前提到的安然公司的破产，正是小而完美主义的典型，安然的崩溃加上黑格式反应，二者加在一起产生了大规模灾难。事实上，一方面，肯尼斯·莱让大家放心，他在负责，可以保证股东和持股雇员继续通过安然赚到大把的钞票；另一方面，其他数不清的人还在搞小而完美的那一套。融资部门把成功定义为只要帮安然公司把钱拿回来就行，至于保护供应商利益之类的事情一概不管。审计人员把成功定义为让安然公司按法律规定运转，别无他求。律师把成功定义为告诉公司文件能不能销毁，全然不顾这样做是否有违商业道德。董事会把成功定义为自己能够得到审计人员和律师观点的保护，而不理会公司会不会一败涂地。对失败的恐惧使每个人都视野狭隘，最终结果比他们所预料的情况还糟。

再回到全球产品公司，杰瑞宣布销售额增长计划一年后，他坐在办公桌旁，备感孤单。销售额的增速不仅未能加快，反而减缓了。分析师对全球产品公司的报告直指公司"贫血"，公司内部工作也没什么进展，这也令他极为沮丧。在过去的一年里，一切都还是老样子。战略会议就像对牛弹琴！公司到处都建立了新的小组，但是当谈到资源和大家的关心时，他们看起来就像二等公民。每个人都说自己管辖的那一部分取得了胜利，但全球产品公司的情况却每况愈下。分析师希望知道，第一年的情况就如此糟糕，那么杰瑞如何才能达到自己的销售增长五年计划。"糟糕！"杰瑞自言自语道，"他们出什么毛病了？看看利润，我们创了新高。"

"或许我们需要尝试更加激进的做法，"他喃喃自语道，"也许我是不行了，该换个人来试一试了。"

第 3 章

THE RESPONSIBILITY VIRUS

责任的静态和动态守恒

国际发展局或许是世界上最杰出的经济发展机构。这里满是智商极高、受过极好教育的年轻人，他们来自世界各地，带着世界大同的理想，对工作充满热情。

皮埃尔年纪在 35 岁左右，长得仪表堂堂。他能流利地讲 7 国外语，什么大场面也吓不住他。国际发展局里多是像他这样的人物。在他的故乡法国，他以全班第一的名次大学毕业，然后到北美攻读硕士学位。他得到一份全额奖学金，攻读经济发展学专业。在学校就读的最后一年，纽约和伦敦的各家投资银行都争着要他，但是他更希望在公共事业方面有所作为，以帮助第三世界国家。

皮埃尔接受了两年的前期培训，在行将毕业时，被分派到非洲，当了一名发展官员。他主要负责国际发展局的电力和交通改进项目。国际发展局认为，没有良好的基础设施，非洲的经济就难以得到发展。然而，这些项目需要大量的资金，而且要多年以后才能见到成效；在短期内，这些项目很难看到什么大的作用。

在四年的堪称典范的工作之后，皮埃尔得到一个新的职位——到新组建的私营企业发展部工作。私营企业发展部的成立是为了把国际发展局最出色、最优秀的专业人员集中起来，对第三世界的客户提供综合性服务。他无法拒绝加入这个精英团体，带着极高的积极性和激情接受了挑战。

"我聪明，受过良好的教育，我也去过那边一两次，"他对自己说，"我知道什么方法行得通，什么行不通。这个新机构有很大的灵活性，我可以创造出全新的贷款计划，这种计划比那些大型基建项目的作用可要大得多。我的知识和经验能够保证贷款的质量，确保贷款机构的安全性。但是，我不可能指望从借款国的官员那里得到太多帮助，因为他们不可能具有我这样的能力和洞察力。局里其他部门的人员很保守，我也不可能从他们那里得到什么帮助。但是没关系，我自己就能行，其实这本来就是我的事。我只是在同借款国的官员打交道时要注意一点策略，别让他们以为我在逼他们接受这个计划。"

皮埃尔在私营企业发展部的第一个任务是搞一个综合项目，帮助喀麦隆开发一个工业部门。他经过努力工作，策划出一份详尽的财政计划，文件数量之多令人咋舌。他没有请求局里的同事帮忙或提供支持。当他认为万事俱备后，便向他的顶头上司申请携计划赴喀麦隆。他的上司觉得应该不会有什么问题，也没有仔细阅读他的计划就批准了。

皮埃尔在喀麦隆遇到了哈基姆，他是非洲方面指定的主管官员。哈基姆50多岁，微胖，非常友好。当第一天的会议快要结束的时候，皮埃尔建议一同去吃工作晚餐，边吃边谈。哈基姆放声大笑：“我年轻的朋友，我们得在你面前放些吃的东西了，因为你只有在吃饭时才能少说几句。”事实上，哈基姆已经挑选了一处极好的餐厅，供应当地的风味佳肴，而且环境优美。食物非常可口，但是哈基姆就餐时不愿继续谈项目的事，皮埃尔多少有些不快。他们吃了个酒足饭饱。晚餐结束后，皮埃尔直接返回旅馆，准备第二天的会议。

第二天上午 10:00，皮埃尔可是真的生气了。会议原定在上午9 点召开，哈基姆却不见了踪影。好像没有人知道他的下落。哈基姆在 11:45 出现了。他礼貌地道了歉，在办公桌前坐了下来。皮埃尔总结了昨天的会议内容，做完了介绍。虽然皮埃尔对自己把思路整理得如此之好感到欣慰，但是哈基姆的反应却令他失望。皮埃尔本以为他会毫不犹豫地欣然接受，可哈基姆非但不感谢皮埃尔辛苦的工作和领导才能，反而对皮埃尔提出了一大堆这样那样的限制条件。他对皮埃尔和国际发展局提出的一些附加条件表示反对，比如设立一个监督机构防止在项目中出现渎职等腐败现象。国际发展局对任何项目的资助都会附加这样的条件。

皮埃尔不屈不挠，继续推进，针对哈基姆的顾虑修改了计划书。他再一次同哈基姆开会，向他通报修改后的情况。然后他问哈基姆，上次会后他自己答应要做的工作是不是已经完成了。哈基姆什么也拿不出来，也不觉得有什么不好意思。此外，他对项目又提出了更多的反对和顾虑。“忘恩负义，”皮埃尔一边收拾行装，一边嘟囔着，“他们设置这么多的路障，国际发展局肯定不会同意。现在我既要操心借款方能不能通过，又要操心国际发展局那边能不能通过。这下子计划可是要泡汤了。”

回到国际发展局之后，皮埃尔试图搞出一份折中的计划。在他看来，机构应该在一些问题上稍稍让步，然后让喀麦隆方面也表示出一些灵活性。皮埃尔同他的主管探讨了整个情况，他被告知国际发展局的立场是寸步不让。皮埃尔又生气又失望。上级告诉他："你还是想办法让喀麦隆方面同意局里的条件吧。"

皮埃尔带着满腔怒火返回办公室："我想要帮助这些人，我想要帮助国际发展局摆脱它的极端保守主义倾向。可是没有一个人帮我哪怕一个小小的忙。他们是怎么回事？他们还想要谁来帮助他们？佐罗？青蜂侠？"

在接下来的会议和文书往来中，皮埃尔对哈基姆更加尖锐、更加极端。哈基姆被皮埃尔搞烦了，不再邀请他会面。

皮埃尔绝望地认输了。他本来就已经对那些第三世界的官员非常恼火，对他们失去了信心，现在又感到自己被国际发展局所出卖了。他自我安慰道："这不是我的错，这是他们的错。不管怎样，这毕竟不是我的祖国。我这样做都是为了他们。可是喀麦隆不愿意接受帮助，太可惜了。"

当哈基姆打电话询问皮埃尔，什么时候带着修改好的计划回来时，皮埃尔以牙还牙。他回答说，项目没有了。原本一直轻松愉快的哈基姆以为缺乏幽默感的皮埃尔竟会开玩笑了。"不，我是非常认真的。"皮埃尔说。这下激怒了哈基姆："你们怎么能这样做？我们指望得到国际发展局的贷款。我们只不过还有一些问题要解决。我们已经开始对项目进行投资了，我们在等你们的贷款。如果现在我们被迫停下来，我们的预算就会出现赤字。你们不是来帮忙的！你们是帝国主义者，和那些一直在恫吓我们的家伙是一路货！"

皮埃尔对他的反应很惊讶。他礼貌地表示歉意，然后挂断了电话。"我知道我们得做得更好，要起到国际机构的作用。可这里永远就是这个样子了，"他对自己说，"我努力拯救世界，可如果这就是对我唯一的回报，我还不如去华尔街当一名投资银行家。"

为了避免使自己遭到更多失望的折磨，皮埃尔开始专注于做一些切实可行的工作，基本上是起草长篇大论的技术报告。理想主义破灭后，他变得越来越愤世嫉俗。他对局里的官僚主义感到心灰意冷，以至于开始怀疑这个机构的初衷。他怀疑自己放弃那么好的职业而去帮助第三世界国家，是不是太愚蠢、太天真了。他绝望地注视着国际发展局由于缺乏效率、作风死板而遭到外界越来越猛烈的抨击。

我观察过很多类似皮埃尔和哈基姆这样的关系，从中得出结论：在任何情况下，责任都有一个定量，一方如果承担过多的责任，另一方就会相应地少承担等量的责任。

我称之为责任守恒定律，责任病毒就是在这个定理的基础上运作的。这个名称来自热力学。热力学的第一定律为，在任何封闭的系统里，既不产生也不消灭能量。打台球时，如果我用球杆击球，就把击到球杆上的能量转到了球的身上，这个能量使球前进。所有的能量都转化为球的动能（但球与球杆撞击时有一部分能量转化为热能散发掉了）。

责任守恒有两种类型：

- 在一段确定的时间里，两个人之间的静态守恒。
- 在一段延续的时间里，单个人的动态守恒。

责任病毒所造成的大部分损失是由静态和动态的责任守恒引起的。

责任的静态守恒

皮埃尔进入喀麦隆时所持的心态，正是私营企业发展部里年轻人的一种普遍心态。他们都把自己当成救世英雄。

皮埃尔的出发点是高尚的。他真心希望他的贫困客户富裕起来，并且愿意为实现这一目标而付出一切。国际发展局以前的失败教训激励他前进。然而，他全然无视这一挑战的艰巨性，在热情和积极性的驱使下，独自担当起追求成功的全部责任。他独自对关键的选择做出决策，不请别人帮忙，也不咨询别人的意见。重要的是，他并不求回报，只求国际发展局和喀麦隆的官员消极配合。在他看来，在进行关键性的决策时，同别人商量并无益处。事实上，合作中还潜藏着危险。能力不高的同事和自私的喀麦隆官员可能会削弱其计划的力量和才智。

皮埃尔对哈基姆和喀麦隆的官员发出了一个信号：我是英雄，你们靠边站，等着被拯救吧！哈基姆意识到，如果要在这个项目中负起更多的责任，他得与皮埃尔进行一番争夺才行，皮埃尔很厉害，又有强大的国际发展局做后盾。考虑到皮埃尔的热情那么高，哈基姆宁愿回避这种挑战。

如果把热力学的法则应用到责任上面，哈基姆的做法应验了热力学的第一定律。皮埃尔担负的责任越多，哈基姆担负的责任就越少。

多年来我与很多机构合作过，很少见到处于哈基姆情况下的人会努力同对手抗争，争取更加平衡的合作关系。典型的情况是，哈基姆类型的人会回忆起以前失败的刺激，因而不想坚持得到更多的责任。由于皮埃尔并没有说明他要担负起大部分责任，也没有说明他为什么要这样做（二者都会带来尴尬局面，违背主导价值观），哈基姆只能自己通过皮埃尔的言谈举止进行揣测。在这个案例中，他把皮埃尔的行为理解为对自己能力的不信任，这是一个明确的信号，表明皮埃尔不想让哈基姆成为自己的合作伙伴。哈基姆的理解并没有错。

所以哈基姆退缩了，并且表现得很被动。他也不会说明这样做的原因，因为如果说明了，就会导致尴尬局面，而且会把自己放在失败者的地位，这都违背了主导价值观。哈基姆的消极让皮埃尔感到，自己对哈基姆的能力和态度的怀疑是正确的。责任病毒泛滥起来。首先，皮埃尔带着一份成熟的建议书和计划来找哈基姆。接着，哈基姆从一开始就采取了被动的立场，由此就一发不可收拾。最终，一个人承担起过多的责任，另一个人则根本逃避责任，他们走向两个极端。

承担过多责任的皮埃尔和他的同事一来，哈基姆和喀麦隆的官员马上就进入依赖性状态。当项目被拖延，境况没有得到改善时，他们就把大部分的责任归咎于皮埃尔和国际发展局。

皮埃尔并不从喀麦隆官员那里寻求支持或让他们来分担责任，同时又觉得对方缺乏参与精神，这使他在同他们打交道时更加藐视他们。虽然皮埃尔努力掩饰，但他对喀麦隆官员缺乏尊重仍是一目了然的。他们不明白皮埃尔为什么这样小看人。于是喀麦隆官员向后退缩，提出种种要求，把工作全推给皮埃尔。他们采取高度回避责任的姿态，对皮埃尔所遇到的困难和挑战漠不关心。

同时，皮埃尔也把局里负责项目计划审批的部门视为必须克服的障碍，而不是宝贵的合作伙伴。国际发展局对皮埃尔傲慢的态度很快就厌倦了，其内部审批人员觉得这个项目成不成功与己无关，他们完全是照章办事，索性就来一个彻底的官僚主义。

在每个关口，皮埃尔无意中都在依照静态守恒定理鼓励另一方推卸责任：

- 喀麦隆方面对他整个建议的初始反应是消极的。
- 皮埃尔对喀麦隆方面的消极做法的反应是，抓住更多的责任，并对不负责任的喀麦隆官员表示轻视态度。
- 喀麦隆方面对轻视的反应是进一步放弃责任。
- 皮埃尔的反应是揽过更多的责任，如此往复。
- 他对局里同事的做法也是如此。

在这些情况中，各方都应该从中间地带起步，即从符合他们能力的地方做起。皮埃尔担负起的责任超出了他的能力范围，而喀麦隆方面和国际发展局把本来可以胜任的责任也推卸掉了。

责任的动态守恒

在绝望中，皮埃尔突然大幅度地改变了姿态，进入了尽我所能的状态。他正好体现出了责任的动态守恒模式。在这种姿态中，皮埃尔把失败全都归咎于其他各方，如目光狭隘的国际发展局内部、借款国自私自利而又懒惰的官僚体系、世界经济走向，以及一切碰巧出现在脑海中的事。这些都是可以归咎的原因，唯独不怪他（皮埃尔）自己。虽然他的批评都有一定的道理，皮埃尔还是过于强调别人的问题，对自己的问题没有足够的认识。

责任的动态守恒定理认为，如果承担过多的责任，就会形成所谓的责任顺差；或者，如果推卸责任，就会出现责任逆差。随着时间的推移，顺差和逆差终究会得到平衡。

当顺差（如皮埃尔）或逆差（如哈基姆）逐步积累时，静态守恒定理把他们一步步地推离平衡点。皮埃尔承担的责任越来越多，而哈基姆越来越逃避责任。

最终，责任和能力之间的反差会带来伤害。当我们承担的责任过多时，我们会遭到惨败，就像喀麦隆项目那样，我们很难摆脱干系。

同样，如果我们逃避责任，我们可能自以为很安全，但其实打击会极其沉重。对哈基姆来说，沉重的打击来自国际发展局的决定：喀麦隆项目被无限期地搁置起来，工作的重心已经转移到别处了。哈基姆一直认为皮埃尔最终会成功，他在项目上追加的条款最终会得到国际发展局的批准。现在他面临的情况是，强硬的皮埃尔不存在了，国际机构不存在了，项目不存在了，而人们的困苦依旧。而且因为他相信项目一定能进行下去，他已经开始为项目投入金钱了！再没有比这更令人感到尴尬的失败了。

可悲而又可笑的是，责任的静态守恒带来了伤害之后，双方仍不能为取得平衡而做出让步。在强大的责任顺差的驱使下，承担过多责任的一方往往会一下子倒向推卸责任，说："我尽了全力，这个任务根本就不可能完成。"而推卸责任的一方会认为对方辜负了他们，让他们蒙受痛苦和耻辱，因而十分愤怒，一下子倒向承担过多的责任，说："我相信他们，可是他们令我失望。从现在开始我要完完全全自己想办法。"

责任的顺差或逆差积累得越多，跳向另一个极端的幅度就越大。差距越大，后果的伤害就越严重。伤害越严重，反应就越强烈。

社会心理学家把这种责任分配中的跳跃看成一种"自我保全倾向"。[1]参加试验的人在试图对自己的失败找原因时，通常会进行所谓的归因。"我跳舞时滑倒了"变成了"屋子里太黑，地面是湿的"。这到了屋子的主人嘴里，"约翰在跳舞时滑倒了"就变成了"约翰不够小心"。

皮埃尔在喀麦隆项目的失败中受的创伤，使他深陷逃避责任的模式。他的长篇累牍的技术报告，其实多半是些可有可无的东西，这也暴露出他玩世不恭的态度。他把标准定得很低，低到他不可能会失败。他只做简单的决定，尽可能不做决定，从而避免做出错误的决定。他觉得自己只是枚棋子，不管是国际发展局还是客户国，甚至生活都把他当作一枚棋子。他身边的人仍记得从前那个皮埃尔，私下议论说他已经江郎才尽了。他们觉得他不会再做出什么有价值的事了，所以不再把重要的项目交给他。

然而皮埃尔不会永远不负责任。到一定的时候，他会对自己的玩世不恭感到不满，并感到权力的缺失。那些微不足道的任务、简单而不重要的工作，以及外部对国际发展局的批评，都使他感到压力。结果，皮埃尔又想重新开始。"我要从根本上改变国际发展局运作的方式。"他暗下决心。他决定从局里积极进步的人员入手。可悲的是，这种对责任的新定义又超出了皮埃尔的能力范围，他注定会再次失望，接下来他要面对的是新一轮的消极状态。

同时在喀麦隆，哈基姆抱怨国际发展局反复无常、不可靠，发誓再也不让喀麦隆受其摆布了。"我们自己就可以做这些工作，我们可以直接找私人银行贷款。他们更可靠，也会对我们的倡议留下深刻的印象。"不久，哈基姆发现，彻底抛开国际发展局独立去办这件事超出了他的能力范围，而且私人银行也同样对他们项目的可靠性提出质疑。他失败了。在失败之后，他回到一种被动的状态，把领导权又交回到国际发展局手中。

责任静态和动态守恒的共同作用

静态和动态的守恒相互结合产生一种体制。在这种体制中，我们处于永久的不平衡状态。静态守恒使我们承担与自己能力不相称的责任。在我们积累了责任顺差或逆差后，在受到失败的驱动时，动态守恒使我们倒向另一个极端。这有助于我们平衡顺差或逆差，但又使我们制造新的不平衡，因为我们已经从承担过多的责任或者逃避责任跳到另一个极端了。

皮埃尔和他的同事进入私营企业发展部的时候，通常都处于觉得"自己是救世英雄"的极端。过了一段时间，他们经历失败后，又跳入尽我所能的模式。然而，这也没能持续太久。最终，他们又跳了回去，然后是从另一个极端再起跳。

静态与动态守恒之间的相互关系使责任病毒得到了自我强化，而不是自我修正。病毒一旦开始发作，我们就会发现很难消灭它，因为静态守恒制造出顺差和逆差，为动态守恒创造了条件。动态守恒又产生了两个极端之间的反复跳跃，制造出新的顺差和逆差，如此循环往复，永无休止（见图3-1）。

责任病毒导致一系列的创伤与失败，这些失败又对机构和组成机构的个人造成严重的长期问题。它摧毁了人们合作的能力，制造出一种互不信任、互不理解的氛围。最终，它导致人们决策能力的萎缩。

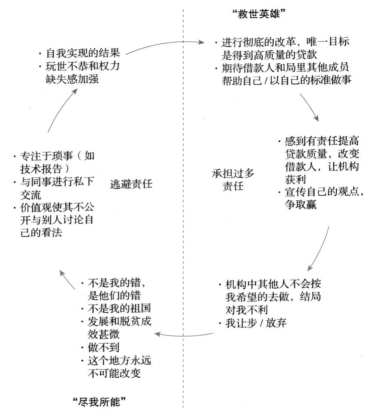

图 3-1　国际发展局中承担过多责任 / 逃避责任循环

02

THE RESPONSIBILITY VIRUS

| 第二部分 |

责任病毒的危害

第 4 章

THE RESPONSIBILITY VIRUS

协作的覆灭

CEO 威廉姆在决策时从不迟疑，经验老到，堪称天生的管理者。但当他接到从中国香港打来的那个电话时，却也感到不知所措。肯尼是他比较欣赏的一名区域经理，在电话里肯尼一直在抱怨技发公司的组织结构是如何让他感到掣肘，妨碍了他的工作，让他难以在亚洲打开一片天地。威廉姆之前就听到过许多关于组织结构方面的牢骚话，但他认为，说那些话的人都是一些爱唠叨、讲怪话的人。肯尼从未抱怨过。这次威廉姆不得不审慎地对待肯尼所提出的这个问题。

他通知秘书取消了他的下一次会议，同时再给他倒上一杯咖啡。然后他就斜靠在椅子上，想要理一理头绪，探个究竟。

技发公司起初是一家德国公司，是按照职能部门的形式组织起来的。市场营销部、制造部、销售部、研发部和业务部的员工分别向分管本部门的副总裁负责，而各位副总裁又分别对 CEO 负责。像众多成长起来的公司一样，随着技发公司的发展壮大，原有的职能型结构似乎已经不能再适应公司发展的要求了。同一位研发副总裁要同时照顾六条日趋多样化的产品线，从阀门和零配件到泡沫绝缘材料，它们的要求迥然不同，这一切都把这位副总裁弄得越来越糊涂了。技发公司随后便建立了一种新的结构，为六条产品线各配备了一名总经理，这些总经理对产品利润负有全部责任，直接对 CEO 负责。在这种结构中，市场营销部、销售部、研发部等各职能机构都要全力协助这六名总经理实现他们的盈利目标。

随着公司在全球范围内的进一步扩展，跨国业务被迅速开展起来，威廉姆建立了一种新的组织机构：任命了四名区域经理分别负责北美地区、拉美地区、欧洲和亚洲的业务。因为在各区域之间，各自市场的经济发展程度不同，技发的渗透程度也不同，看来这种区域性的结构是必不可少的。区域经理负责了解当地的客户，加强所属区域的分销渠道，在当地开展技发公司的六条产品线的业务。或许最重要的是，现在是区域经理（而不是产品线总经理）为盈亏状况负责，各区域的各产品线总经理分别向他们负责，各职能部门的主管要向他们报告各自的销售、市场营销、业务、研发等方面的状况。

虽然区域结构使技发公司更加贴近世界各地的客户，但同时六条产品线分别由四个区域经理来掌管，公司的资源也分居四处，有时难以进行很好的协调。公司有一个主要的竞争者在对其阀门业务进行管理时，将之作为单一的全球性统一业务，以便在世界各地建立统一标准的产品线，而技发公司在四个地区的阀门产品略有差别。四分部结构使得技发公司不得不把研发资金天女散花似地在这个地区撒一点儿，在那个地区撒一点儿。

　　威廉姆对此仍感到不满意，便在四区域结构之上又建立了一个新结构，负责协调各区域之间的产品线。这些全球产品线主管并不承担盈利的责任，也不直接掌管人事大权，但他们需要制定长期的全球战略，威廉姆希望借此弥补技发区域性结构中固有的竞争力不足的问题。

　　正是这种新的上层结构让肯尼大感不悦。"在这儿，什么事情都要拖上很久，"他抱怨说，"大家现在有三个上级。职业晋级要仰仗各职能上级，但他们又要听命于负责各区域盈利事务的区域性上级。现在环球总部的产品线主管们却又告诉他们不要把区域上级的短期考虑太当回事，而要想办法提高产品线的长期全球效益，这算是怎么回事呀？"

　　威廉姆知道，当前的区域经理、产品线主管和职能性副总裁式的三向模式难以为继了。为争夺控制权的纷争处处可见，含糊不清、模棱两可的事更是不胜枚举。变革已经势在必行。

　　威廉姆召集起了技发公司内部的组织设计专家，并从社会上招揽了最优秀的结构重组专家，共同研究对策。他将这一工作的目标定为建立"单人负责制"。

　　"管理人员只需有一个上级，而不是这种复杂的模式，"他宣称，"我们需要弄清楚在各种情况下分别需要由谁来负责。"

　　结构重组小组考虑了所有方案，并根据威廉姆的目标对之进行了评估。他们建议重新启用产品线结构。技发公司曾一度受益于该结构，当时公司基本上是一家德国公司，还不是全球性企业。但当时的产品线结构已经称得上是全球性的了。随后，公司便任命了六名直接向威廉姆负责的全球总经理，他们各担负一条产品线的全球盈利责任。

这样，人们本应该清楚地知道谁在技发公司中负责——这六名全球总经理应该就是单人负责制中的那个负责人。

然而，重组小组认识到：在世界各地的业务部门的基础上，重复设置六个产品线组织机构，不仅会使分销部门感到无所适从，还会增加不必要的重复支出。因此，他们设置了八个区域，并为每个区域配置了一名市场拓展经理，主要负责将六条全球产品线投放市场的战略。他们无须干预单人负责制的全球总经理的工作，而是要助其一臂之力。

起初，人们对这种变化抱以热切的欢迎，特别是对精简机构和单人负责制抱有很大的期望。当管理人员试图按照新的组织结构开展工作时，他们很快也感到茫然，不知所措了，接着便是心生怨气。他们了解新制度的目标和原则，但是全球总经理们却认为自身与区域市场拓展经理之间缺乏合作，因而常常感到抑郁失望。与此同时，区域市场拓展经理们也感到愤愤不平，因为他们诚心诚意地想发挥协同作用，但是全球总经理并不领情。

管理人员认为，新组织结构的复杂与混乱程度与旧有结构不相上下。他们开始怀疑重组小组抛出单人负责制的真正意图，因为很显然在实践中，至少全球总经理和区域市场拓展经理会争权夺势。技发公司有关单人负责制的设想，看起来简直就是自欺欺人，以致大家都开始怀疑重组小组是不是真心诚意地要把公司搞好。

当威廉姆得知众人的反应之后，更加感到坐立不安。"难道他们就不明白新结构的好处吗？它是多么简单明了啊！他们只需要适应新的结构，然后他们就会明白的。"

他向全体员工发出了一封措辞严厉的信，告诉他们要忘掉过去，拥护简化后的新结构。任何对新结构有疑问的人都可以直接来找他谈。

当威廉姆干练的秘书读了这封电子邮件后，她知道不必为有关这一问题的会见预留多少时间。事实证明她是对的。没有多少人敢自投罗网般前来质疑新的结构。

责任病毒的第一个重大损害就是：它侵蚀着进行真诚而富有成效的协作的能力。公司内部员工之间协作的减少意味着：当公司发展壮大走向国际社会的时候，它无法获得规模经济的效益。不剿灭这个责任病毒，分布在世界各地的大型项目就不能实现整合。

责任病毒还影响了它与其他公司、客户和供应商的合作。随着商业世界日趋网络化，内部和外部的界线越来越模糊，这种合作变得日益重要。

根据定义，只有当两个或两个以上的人为做出某种选择而共同分担有意义的责任时，才算协作。"共同分担"的意思是大致根据各方的决策能力高低来分配责任。"有意义"则意味着分担责任的行为对最终结果的重要性：如果没有其他合作者的付出，一方不可能单独而连贯地完成任务。

协作是我们共同负责，而不是我管你不管，或你管我不管。

为什么有意义的责任分担让人感到如此棘手呢？这是惧怕失败的心理在作祟，终究还是因为指望依靠主导价值观来沽名钓誉。

分担有意义的责任就意味着分担控制权，这就违反了"保持控制"的主导价值观。一旦责任被分担出去，我们就无法控制苦心经营的、为获胜所需的赞誉和回报。因此，真正的协作与第一条主导价值观"只赢不输"产生了冲突。如果按照与能力相一致的方式来决定如何适当地分配责任，就难免会要说一些让人感到尴尬的话，因此会违反"避免尴尬"这一价值观。前面这几条全都会引起情绪的波动，也就违反了"保持理智"这一条。就像我们所看到的 *Wapshot* 案例中的麦克和卡洛琳，以及在喀麦隆案例中的皮埃尔和哈基姆一样，比起讲一些可能会让人尴尬的话来，自己单方面地划分责任要容易得多。

从主导价值观的角度来看，协作必定会带来失败的风险。在未来协作伙伴的心目中，协作就是一片危机四伏的丛林，随时都会冒出让你"对抗或逃跑"的危险。协作各方常单方面地决定是挑起这副担子还是避而远之，而不会讨论如何共同应付这种挑战。他们会通过微妙的姿态发出自己的信号，同时也接收另一方发出的信号，并借此指导他们的行动或采取进一步的措施。直到最后，责任被不成比例地推给了某一方。

如果不进行协作，当问题的复杂程度提高时，就无从相应地增强解决问题的能力。

比如，我是一名工程设计人员，负责为公司里最新型的轻薄型笔记本电脑设计复合材料外壳。如果在项目的进行过程中突然通知我：外壳要比原先的规格重量减少 20%，而强度要增加 15%，我想我还是能解决这个问题的。但是如果还告诉我：在设计中，必须结合电脑电路，将线路直接埋入外壳材料中，我就心有余而力不足了，因为我没有电子工程方面的经验，或是没有经过这方面的培训。我将尽力完成我的设计，然后将它转交给电子工程部门，由其完成他们的工作。但最理想的做法是，我的设计就应该考虑到电路的要求。如果这样的话，或许我会建议电子工程人员先行完成他们的工作，然后再交给我。如果再告诉我这也不行，我就不得不同一名电子工程人员一起解决设计中的难题。

此刻，感染责任病毒的概率非常高。主导价值观会说，要么由我来主管这个项目，要么由电子工程人员来主管这个项目。事实就是这样。这种非此即彼的想法影响了机构应付挑战的能力。

一家大型的机构，或许拥有众多的材料工程人员和数以百计的电子工程人员。但是，这种实力并不足以使该机构解决手头的这个问题，它必须能够在一名材料工程人员和一名电子工程人员之间实现有效的协作。然而，这两个人都很可能会倾向于提出："我管，你不管"，或"你管，我不管"。

无法进行协作也就意味着单个人员的能力无法加总。从效率的角度而言，如果派两个不能相互协作的人去共同完成一项任务，1+1仍然等于1，不是2。如果公司A拥有两倍于公司B的人员的话，它或许可以解决两倍于公司B的、简单的、不需要进行协作的问题。除非公司A可以实现真正的协作，不然，它解决复杂的、需要多名员工参与合作的问题的能力并不比小公司更强。

1793年，亚当·斯密从效率的角度解释了机构中的职能分工专业化。[1]该观点认为，职能的专业化是一种不错的想法，因为它使得每人都能集中于一件单一的工作上，而这件工作又属于更大的经济体系中的一种职能，所以可以把这件简单的工作做得很纯熟，这自然有好处。然而，新近有关行业革新的研究表明，重大的产品层次的创新，往往是来自与产品本身没有直接关系的人。[2]对观念革新的研究也表明，许多来自核心学科以外的想法使核心学科受益匪浅。[3]因而，专业化分工的经济学逻辑看起来并不能站住脚。

对专业化逻辑的另外一种解释就是责任病毒。人人都想将自己的活动限制在一个范围里，他认为自己对这个范围之内的工作负有全责，而把他认为自己无须负责的活动排除在这一范围之外。人人如此，就形成了团体专业化。这种拒绝跨职能的专业化整合与人们相互间的交流借鉴。这正好可以与许多公司中那种"不是我们发明的就不要"的态度相对应。

责任病毒限制了规模效益，它可以帮助说明为什么许多针对未得到满足的客户需求而提出的解决方案，往往是一些刚起步的小公司率先推出的，而不是那些巨头们。在 21 世纪，大型公司里的员工如果无法成功地进行协作，其代价将是极其高昂的。这些公司要在全球寻找商机，它们必须借助规模优势才能获得成功。要成功地运用规模优势，员工就必须能够进行协作。唯有如此，他们才能够运用其才智去解决复杂的全球化环境所带来的难题。

技发公司原本主要是一家德国公司，后来才发展成为一个真正的跨国公司，所以它知道自己需要考虑到不同地理区域之间的巨大差异。比如，在欧洲适用的方法，在拉丁美洲就行不通。另外，既然在各个区域内部，所有六条产品线的产品分销渠道大体上是相同的，那么就有充足的理由对这六条产品线的分销渠道进行挖掘改造。由于这种地区多样性和地区分销渠道的具体情况，可以考虑强化区域负责人的职能，由他们负责根据各自地区的情况开展工作，并对这六条产品线间的分销渠道进行优化改造。

然而，在一个迅速全球化的市场中，技发公司需要在全球范围内对各条产品线的资源进行调配。如果将每条产品线都拆成四份，再将这些产品线交给区域经理进行管理，区域经理就会在本区域内权衡各条产品线的需要，很难从全局出发看待问题。这样，相对于真正的全球性竞争者来说，就造成了一种效率低下的情况。比如，如果全球性经营者要在全球进行 1 亿美元的投资，他很可能会充分投资于研发领域出现的机遇；而区域性经营者可能看不到或无法利用这些机遇，因为四个区域经理都认为他们自己每人只有 2500 万美元可用。

显然，区域经理需要与全球产品线主管协同工作才能获得成功。他们需要共同充分考虑区域性和全球性两方面的情况。但是在技发公司，却缺乏协作。区域经理和产品线主管都感到非常泄气，互相扯皮。他们不是在努力弄清楚该如何共同工作，却为了争夺控制权而相互倾轧。多数区域经理借口自己对盈利负有责任，宣称应由他们来负责，产品线主管们不用管。结果，区域经理认为产品线主管毫无用处又爱管闲事，而产品线主管则认为区域经理们心胸狭隘、自私自利、专横无礼。产品线主管认为，区域经理应该对经营中出现的纰漏负全责；而像肯尼这样的区域经理则认为，他们的失误应该归咎于公司的组织结构。只有极少数心胸更开阔、协作能力较强的区域经理和产品线主管能使公司的组织结构运转起来。

威廉姆以一种特有的方式来解决那些权力纷争：宣布另外任命全球总经理来实现"单人负责制"。旧有的结构过于复杂，让人无所适从，大家都弃责任于不顾。新的结构，至少在威廉姆看来，则是简单明了的，没有人会感到不知所措。全球总经理总揽各种事务，区域市场拓展经理应该会乐于提供协助。

这种结构治标不治本，而其造就的氛围也使全球总经理和区域市场拓展经理毫无协作的意愿。全球总经理有心也有权力将自己的意志强加于区域市场拓展经理身上。然而，这样全球总经理承担的责任过多，相应地，区域市场拓展经理就会逃避责任。要取得商业的成功，区域方面的状况确实也很重要，六名全球总经理都需要八名区域市场拓展经理的支持和协助。在亟须协作之际，威廉姆掩盖问题的做法和他力主的新结构却起了适得其反的作用。

毫不奇怪，技发公司的管理人员很快就发现，机构精简名不副实。它仅是改变了冲突的形式，却依然让责任病毒好好地活着。

协作不力有各种各样的名目，如"条块分割""山头主义""不是我们发明的就不要综合征"等。无论具体形式如何，其结果都会削弱个人在工作中履行职责的能力。这也会极大地限制公司利用其集体资源的能力。

出现在公司内部的影响协作的因素，同样也会出现在公司之外。在21世纪的经济体系中，同其他公司（往往是竞争者）进行卓有成效的合作的能力越来越重要。比如，在美国康卡斯特电信公司收购了美国电话电报公司的有线电视业务之后，康卡斯特和美国在线时代华纳分别拥有了目前美国最大的两个有线电视系统。两个公司都想收购对方的有线系统，以实现规模效益，扩大覆盖面，增强有线传输的功能（如互动电视、有线电话、因特网的接入）。然而，双方都不想把自己的看家法宝卖给其他人，更不要说是卖给主要竞争对手了。要想充分实现双方的有线电视系统的价值，就只能进行合作。对双方来说，这是极其棘手的问题，因为双方都习惯于掌管各自经营活动中的所有关键部分，因此双方都不想沦为没有发言权的小伙计。双方都会觉得如果自己掌管实权就会舒服很多。为了实现合作，他们必须划分职责，不管成功或是失败，都要同舟共济，然而双方都没有为此做好准备。因此，合作的机会就这样被搁置起来，而缺乏合作的能力仍是一个重要的障碍。

相类似的是，在公司外部同客户和供应商进行协作的能力，对公司成功的重要性也日益增加。对机构的某些重要职能（如信息技术、制造、配送和客户服务）进行外包已经成为过去 10 年中的重要趋势。然而，外包的效果却是喜忧参半。在责任病毒的作用下，公司先是牢牢地抓住某些职能，即使此时公司已经不再适合自己来做这些事情，也还是不肯撒手（"我来管"）。等到实在做不下去了，就推给外部承包商，自己洗手不干了（"你来管"）。结果，他们站在后面，对承包商的表现评头论足，而不是帮助承包商适应变化，提高服务质量。承包商得不到该公司的帮助，无法了解对方需求的变化，其表现自然不尽如人意。

各公司都需要设法形成"我们共同进行管理"的立场。在这种思维模式下，公司承认尽管已与外部的公司签订了合同，将履行某种职能的责任交给了外部承包商，但它仍要为承包商成功地履行这些职能而分担部分责任，因此，它仍旧对成功负有一定的责任。同样，承包商也明白自己并不能独揽大权，而必须依靠客户公司的协助，把握住不断变化发展的客户需求，使自己的服务适应形势发展的要求。

同样，那些能够与其客户进行协作的公司，会比那些承担责任过多或逃避责任的公司要有更多的优势。比如，一家律师事务所接到了客户的投诉，说它的法律服务费用层层加码。这家公司或许会摆出一副"这仅是客户的问题"（逃避责任）的姿态，或者认为这是自身的问题，应该把客户的费用全面降低 10%（承担过多责任）。相比之下，这些方法都缺乏成效。公司应该与客户促膝而谈，让客户懂得如何更为明智地使用外界的法律服务，哪些问题应该借助外界的法律服务，哪些问题可以自己解决，由此来降低法律服务的费用。

当然，这里面还是有问题。虽然我们走上了相互协作的道路，达成了职权划分的协议，失败也仍是在所难免的，尴尬的局面也完全有可能发生。这些风险都让人从情感上难以接受，也正是因为这一点，我们往往无法得到协作本身所带来的效益，也无法得到以协作为前提条件的规模经济的效益。

互不信任和误解的加深

　　德怀特和哈里都是怀特杰弗里公司的资深律师，同时也都是执行委员会的成员，但他们完完全全是两类人。德怀特浑身充满自信和才华。他 45 岁，身材高大，相貌俊朗，衣着总是无可挑剔。他是一个精力充沛的人，开会的时候手也不闲着，他会一边倾听你讲话，一边做记录。他最喜欢艰苦的攻坚战，而且往往身先士卒。他会看着客户的眼睛说"没问题"，然后夜以继日地工作，信守他的诺言。公司里的年轻律师都喜欢同他一起冲锋陷阵，因为他们知道这个领导无所畏惧，天塌下来也能扛住。

　　如果说德怀特魅力非凡的话，那么哈里绝对是严谨细致。哈里 55 岁了，带些书卷气，皱纹初显，在他开展工作时总给人一种深邃和保守的感觉。客户对哈里感到特别放心，因为他们知道他是那种决不放松任何细节的人。在着手办理案件的起初阶段，客户会因为他那种几乎是毫无理由的悲观主义而感到气恼。他往往会告诉客户所有可能会出现的糟糕情形，告诉他们要想获得有利的结果是多么难上加难。然后，他会以非常细致、甚至有点拖沓的方式开始他的工作，等最后结果出来，往往比他所说的难上加难的有利结果还要好。年轻一点的同事都害怕同他一起共事，害怕他那种执拗的方式和对他们工作巨细无遗的掌控。

在最近一次执行委员会的会议上，德怀特和哈里的分歧激化到了极点。在这次会议中，公司的资深合伙人讨论了改变公司经营方向的几个选择方案。德怀特认为这次会议是一个转折点，关系到公司的未来。他和几个支持他的资深同事认为公司已经在走下坡路了，应该开始进行转型。他们需要做出一些困难的抉择，以便在竞争激烈的法律服务市场中重新获得发展的动力。

哈里却对此持不同意见。在会上，他站在另外一些人的一边，声称这不是进行冒进的变革的时候。

"当然，"当德怀特离开会议室，走回办公室时，他心里想，"像他这种人，肯定会那么说。真想不通，像哈里这类人居然也能混入执行委员会。这家伙真是个累赘，要不是我帮他，他哪有那么多工作时间，他还敢恩将仇报，反咬一口。"

实际上，德怀特完全知道为什么哈里能进入执行委员会，为什么他采取那种立场。

德怀特是公司里非正式但非常重要的"红圈"团体的一员。据传，以前在发放报酬时，一名负责管理的公司合伙人总要通览成员名单，并在那些他认为对公司的成功经营来说至关重要的人的名字上画个红色的圆圈。他要确保在报酬发放时，这些人得到了特别的关照。这份名单是非正式的。实际上，大家猜想中的那位始作俑者一直不承认有这么回事。公司里的人都明白谁在名单上，谁不在。哈里当然不在名单上。

打红圈的人都是公司里的风云人物，他们把持着声名显赫的客户，同时还能带来新的客户。这些客户都对公司高度忠诚。无论何时，每当他们自己的公司需要做出一项重要的决策，他们都会把怀特杰弗里公司里的搭档视为其团队里重要的一员。早些年，公司规模还不是很大，红圈团体的成员尚可以相对轻松地维持这种个人式参与。随着怀特杰弗里公司急剧地发展壮大（当然这主要是红圈合伙人的功劳），红圈团队本身却并未见扩展。

红圈合伙人任劳任怨地承担着拓展和维系客户的重任。每当要对案件做出重要的法律或客户管理方面的决策时，他们都将之视为自己的神圣天职。只有在需要增加收费时间的时候才让类似哈里这类的合伙人帮忙，但是很少有真正意义上的合作。

红圈的另一个传统就是：其成员少分一些，而让非独立合伙人多分得一些。他们认为这样就能促进公司内部的凝聚力。公司还允许非独立合伙人参加至关重要的执行委员会会议，以强化这种亲密无间的氛围，同时也可以掩盖红圈这个小圈子的存在。

毫无疑问，看着红圈合伙人的作为，非独立合伙人便逐渐趋于消极。他们并不努力去承担那些有助于拓展自己的能力、使自己具备领导才干的责任。他们对公司的成败越来越漠不关心。公平地说，他们得不到红圈合伙人的鼓励，这些人从未考虑过这种高高在上的方式把其他人都排斥了出去。

除此之外，非独立合伙人闭口不提自己的依赖性地位，接受多分得的报酬而又假装不知道。私下里他们都了解自己的处境，知道除非自己与红圈合伙人合作，否则他们就面临着失去那些额外付费时间的危险，公司再怎么样兴旺发达，自己也休想分一杯羹。这种依赖性和受排斥的感觉使他们憎恨红圈团体，相应地，就难免伺机"反咬一口"。结果，他们逐渐形成一派，共同投票反对任何可能改变当前这种虽然感觉很不好，但是相当划得来的现状的提议。

正如德怀特所认为的那样，公司走到了一个十字路口，因为红圈合伙人的人数在公司总人数中所占的比例正在下降。随着这些人的人数比例的下降，每个人所承受的业务压力也越来越大，自然他们就寄希望于那些非独立合伙人。红圈合伙人员急于进行变革，因为他们第一次发现自己并不能照料好公司的全部生意，不能保住自己有口皆碑的声誉。面对失败的来临，他们开始怨恨那些非独立合伙人同事，视之为不可雕的朽木。

为了应付即将到来的危机，红圈合伙人试图将一种新的规章制度强行加给非独立合伙人同事。他们规定了一种新的合伙人评议制度，该制度的核心原则是：人人都要自力更生。但是对多数非独立合伙人来说，让他们自力更生比让他们登天还难。在他们的整个职业生涯中，他们一直靠着领导团队成员过活，不仅依靠他们提供自己业务，还要依靠他们在关键时做出决策，指导自己的工作。在这一点上，哈里就是一个典型的例子。他谨慎而悲观的情绪不可能给他带来新的客户，因为当客户听到他评估他们的案子前景黯淡之后，马上会感到很沮丧。现有的客户之所以甘愿让他参与他们的案子，因为他们确信无疑会有一位精干的合伙人（即红圈合伙人）来最终负责。

当走出改变政策这一步后，在公司内部出现了普遍的误解和怨恨，使一些原本就已存在，只不过被掩盖起来的矛盾变得更加尖锐。非独立合伙人感到这个变革对他们不公平，使他们感到紧张和忧虑。总的来说，产生这种消极的反应是因为这次变革是单方面的，并且没有对其根本原因进行过讨论。这种变革的原因其实很明显，那就是红圈团体的成员无法再继续承担这么大的工作负荷了。但是过去一直是禁止讨论所谓"红圈"这一概念的，因此现在就很难对人解释说，进行变革的原因在于红圈这一传统面临崩溃的危险。

尽管有种种的担心和疑虑，不少非独立合伙人还是克服重重阻力，走进法律服务市场，试着按照新的规章工作。总体而言，他们找到的客户数量不多，也没多少油水。与那些由红圈合伙人吸引而来并为之服务的名高望重的客户相比，这些客户既没带来多少营业额，也没带来什么声誉。

非独立合伙人感到非常尴尬和不安。他们憎恨那种改变了以往游戏规则的独断专行的方式，同时也看到一个更加悭吝的公司已初见端倪。红圈合伙人则认为，非独立合伙人正在降低公司原有的标准，把公司拖入平庸之列。

在会议上，德怀特负责讲述三四个可供选择的战略方案。考虑到当前的困境以及公司中存在的极度的互不信任和误解，德怀特只介绍了其中温和的方案。即使这样，在执行委员会的会议上，哈里还是几乎歇斯底里地谴责说，上次政策变更就是大伤元气，现在还没有完全平复，怎么又在想改弦更张了。哈里的话说到了其他很多感到压力和恐慌的人的心里，他提出推迟考虑任何新的议案。那天，他赢了。因为执行委员会明显地划分为红圈阵线和非独立阵线。德怀特意识到投票权的比重已经发生了变化，而且有可能再也变不回来了。同时，随着互不信任和误解程度的加剧，要想对前进的道路达成一致意见，比以往更加困难了。

　　此处误解的根源在于最初红圈合伙人和非独立合伙人这一区分是不可讨论的。红圈合伙人未经征求对方的意见，也没有进行讨论，就自己决定了要承担越来越多的责任，而不是努力对非独立合伙人进行教育、强化他们的技能并逐步融合。虽然在当时红圈合伙人还看不到任何明显的迹象，但不可避免的是，就是非独立合伙人这个包袱变得越来越重。

　　在事先未进行讨论的情况下做出选择，是与"只赢不输"这一主导价值观相一致的。任何有关"由谁来负责管理客户信息"这一问题的讨论，都可能会对红圈合伙人的观点构成挑战，会出现各种不同的结果，致使红圈合伙人的观点不被接纳，或者至少不会次次都占上风。这样的一场讨论可能会导致红圈合伙人无法保持控制权，因为对话有可能转向意料之外的方向（如非独立合伙人质疑红圈合伙人的能力）。不经讨论而做出决定，也有助于避免尴尬，因为在就个人能力问题进行艰难的讨论时，难免会讲出一些让人尴尬的话。同时，避免了情感冲动的交谈，因而可以保持理智。

　　当然，非独立合伙人也选择了一条消极的道路，而不是积极地去培养和强化自身的能力。尽管当时也没有任何明显的迹象，但是他们的选择也种下了长期的祸根。

　　当然，未经讨论而做出选择，也鼓励着非独立合伙人坚守主导价值观。他们对自身和他人的看法并没有受到公开的挑战，同时这些观点也不会在讨论中被否定掉。由于大家都闭口不谈这件事，他们避免了一场讨论，这场讨论有可能会变得非常激烈，存在失控的可能，同时也有可能使人感到尴尬。

　　具有讽刺意味的是，虽然未经讨论而做出了选择，但是双方都尽可能严格地遵守了主导价值观。双方分别从自己的立场出发定义了何谓获胜，何谓保持控制权。

红圈合伙人和非独立合伙人究竟是哪一方先做出的选择？这个问题无从答起，实际上也无关紧要。重要的是，这两种选择相互鼓励、相互促进，使得公司只能任凭责任病毒的摆布。

不对疑难论题进行讨论，是一种通常的防御性方法。心理学家梅兰妮·克莱茵将这种做法追溯到母子关系早期阶段。[1]埃里奥特·杰奎斯将她的分析扩展到组织机构的范围，并指出"焦虑最小化"似乎是许多工作团队的最基本的目标。[2]

在这种情况下，在缺乏坦率的讨论时，所有成员都只能去猜想对方做出选择的动机是什么。成员各方都很清楚自己的选择。另外，各方都在观察着对方的行为，从中判断对方的选择是什么，并且认为自己对这些行为的性质有着充分而合理的理解。比方说，哈里观察着德怀特出席和主导所有重要的客户会议、并把哈里和其他工作人员排除在某些重要会议之外的情况，然后，他便可以得出这样的结论：德怀特是全权负责人。

然而，由于未经讨论，哈里只能猜想德怀特的思维过程，猜想是什么促使他把持着大部分责任，只留给哈里一小部分责任。同时，德怀特也只能猜测：为什么哈里一下子就变得如此消极。

德怀特和哈里的猜测有两个共同的特点：第一，如同世上的多数猜测一样，他们的猜测都不对。即便我们付出大量的时间和精力，即使是最具眼力、最有直觉和最能从别人的角度思考问题的人，对别人的思想过程也只能猜对一半。[3]第二，猜想也只能是从主导价值观出发的，难免会带有偏见的成分。社会心理学家早已指出，当人类的大脑努力想要弄懂那些难以琢磨、迅速变化的

资料的含义时，它们会采用符合当时社会环境的主导逻辑的固有
模式来简化这种任务。[4]

怀特杰弗里公司的红圈合伙人认为，非独立合伙人有消极
怠工的想法。这是一种猜想，而在划分责任之前，他们并未对这
种猜想加以确认。这使得红圈合伙人实现了"只赢不输"，他们
为客户安排的日程或他们所关注的问题占了上风，他们视自己为
具有领导风范和肩负重任的成员，他们以一种英雄般的方式维系
着非独立合伙人的工作。这种猜想也便于使他们拥有"保持控制
权"的能力，因为它避免了对如何展开下一步工作进行公开的讨
论，因为他们自以为"知道"非独立合伙人最终想要一种什么样
的结果。同时，他们以单方面的选择替代了公开的讨论。

最后，这种猜测有助于在成员之间"避免尴尬"，因为没必
要就责任划分进行公开讨论了。这也有助于"保持理智"，因为
避免了一个会引起情绪波动的话题。红圈合伙人对自己说，如果
与非独立合伙人讨论其弱点，讨论为什么不让他们承担实质性的
责任，会使那些非独立合伙人感到极度的尴尬。因此，他们便独
断专行，为非独立合伙人划分了责任，而从未去核实非独立合伙
人是不是真的不想进行这样一场讨论。不找非独立合伙人进行核
实（并且把不做核实的责任推给他们）为红圈合伙人带来了另一
个有用的附带结果。他们避免了一场可能会令人尴尬的讨论。如
果他们征求非独立合伙人的意见，非独立合伙人会质疑由红圈合
伙人所承担的那部分责任。因此，单方面做出选择有利于避免被
人发现自己全然想错了，那样也会非常尴尬。

因此很明显，红圈合伙人做出了种种的猜测，这些带有偏见
的猜测看似证明了主导价值观的正确性，促使他们做出了选择，

而这些选择是与主导价值观中的只赢不输、保持控制权和避免尴尬相一致的。然而，如此做法并未加深他们对非独立合伙人的认识，而是在自己心目中描绘了一幅关于非独立合伙人的图画，一幅未经检验、基本上是不可讨论的图画。

具有讽刺意味的是，在这场沉默的谈判中，非独立合伙人使用了同样的猜测和单方面选择的技巧以达到同样的目的：只赢不输，保持控制权，避免尴尬。这是一次奇怪的互动，却在短期和有限的范围内取得了期望的效果。

当非独立合伙人看到红圈合伙人开始有所行动，他们从两方面对自己应该承担何种责任以及应如何只赢不输进行了猜测。首先，他们能够接受有限的责任，以及非常切实可行，他们肯定能成功完成的工作。其次，他们将自己的成功定义为具有高度的合作性和支持性，而不是像领导阶层的成员，以自我为中心、高高在上、指手画脚。从非独立合伙人自己的观点来看，他们的活动在道义上无可非议，而红圈合伙人干的那些事情可就不那么好说了。

非独立合伙人保持控制权的方式，是接受并明确限定他们能够愉快胜任的、切实可行的任务。他们常常花很大的精力来明确任务，还时常为了自己在多大的程度上可以不受任何监管和干预地完成任务而讨价还价。

对红圈合伙人动机的猜测也可使非独立合伙人避免尴尬，因为不必进行任何有关责任划分的公开讨论。他们对自己说，如果与红圈合伙人就其麻木不仁、高高在上的行事方式进行讨论，便会使红圈合伙人感到极度的尴尬。这样的一场讨论会变得异常激烈，以致影响到大家保持理智的能力。因此，非独立合伙人同时也就把单方面划分责任而不去核对自己是否真的希望避免讨论的责任，全都推给了红圈合伙人。

相应地，不去对红圈合伙人进行核实（并把不核实的责任推给他们）为非独立合伙人带来了另一个有用的附带结果。他们也避免了一场可能会使他们感到尴尬的讨论，在那场讨论中，红圈合伙人可能会将他们认为非独立合伙人能力欠缺的观点公之于众。

非独立合伙人也做出了种种的猜测，这些带有偏见的猜测也看似证明了主导价值观的正确性。接着，他们用这些猜测做出了选择，这些选择是与主导价值观中的取胜、保持控制权、避免尴尬和保持理智相一致的。然而，如此做法并未加深他们对红圈合伙人的认识，而是在他们的心目中描绘了一幅关于红圈合伙人的图画，一幅未经检验、基本上是不可讨论的图画。

双方在同一交易中根据自己的定义同时取得了胜利，并保持了控制权。有人可能会据理而问：那又有什么不好的呢？大家都很高兴，也没有违反任何主导价值观。

实际上，这不是不好，而是很不好，主要问题有四个。

第一个问题：这会引来责任病毒。各方对失败的潜在可能性都做出了过激的反应。红圈合伙人承担了过多的责任，而非独立合伙人承担的责任又太少。责任的静态守恒会使他们所承担的责任的份额差距越来越大。到一定阶段，就会出现动态守恒，产生反弹，其标志就是自力更生政策的出现。这种政策要求非独立合伙人承担相对其能力而言过多的责任。

第二个问题：这会产生误解。为了免于陷入可能令人尴尬的对话，也为了避免潜在的失控，各方都在猜测而不是询问对方的想法和动机。这些猜测都不可避免地存在着错误，尤其是因为主导价值观的影响，这种错误使双方都对对方的推理和动机产生了误解。但是双方并没有进行询问，没有核实是否出现了误解，而是都极力避免询问对方的观点，以免出现各种形式的尴尬局面。

这种未经核实的误解会逐步加深。当红圈合伙人采取第一步措施，承担更多的责任时，非独立合伙人对其想法和动机感到不解。红圈合伙人则对非独立合伙人采取的第一步措施感到困惑。然而，双方都认为他们真正地了解对方。同时，由于采取了上述做法，各方都向对方提供了一些资料，这些资料起到了证实对方的认识的作用。当非独立合伙人花费了他们认为是极多的时间来为他们的具体角色和工作目标讨价还价时，这种认识被进一步强化了。红圈合伙人最终将非独立合伙人视为消极、心胸狭隘和具有官僚作风的人，简直难以与之共事。

与此同时，由于红圈合伙人连一点象征性的讨论都没有进行就划分了各自的职责，非独立合伙人对红圈合伙人的看法也得到进一步的强化。由于红圈合伙人将非独立合伙人视为二等公民对待，当在非独立合伙人与他们讨论诸如工作目标之类的重要问题之际，红圈合伙人表现得粗鲁无礼、唐突草率，非独立合伙人的猜测再次得到了固化。

一方对另一方的认识，影响了他们的处事方式，反过来，这又使另一方按照与对方的认识相一致的方式来行事，因而强化了对方的认识和处事方式。为了遵循主导价值观，非独立合伙人被动地开展工作，这使红圈合伙人更加坚信自己的重要性。因此，双方都在为证实对方对自己的认识而接连不断地做着工作。结果，各方都据此更加坚信其观点和行为的正确性。

第三个问题：误解会演化成互不信任和怨恨。由于各方都不对对方的想法和动机进行询问，所以他们必须用猜测来填补这片空白。这种猜测中总包含一些关于"对方怀有不正确或不当的动机"的成分，这些成分又从未经过核实。所以，一旦出现了看似与那些不可告人的动机挂得上钩的行为，这些动机看起来似乎就被证实了，与此同时，有关今后的动机和行为的不信任便形成了。进一步的误解导致不信任的加剧，怨恨便出现了。

在怀特杰弗里公司，尽管几十年来，每年红圈合伙人在很大程度上都补贴着非独立合伙人，但非独立合伙人仍然认为红圈合伙人残酷、反复无常、我行我素，自力更生政策的提出，进一步强化了这种看法。非独立合伙人认为，这个新政策是红圈合伙人采取的一种独断专行、反复无常的工作方式的写照，目的是要削减公司内的一些非独立合伙人。他们将之视为对公司团队工作的一次蓄意攻击，心怀怨恨。

相类似的是，尽管实际上非独立合伙人一般都非常努力工作，尽心尽力地辅助红圈合伙人，但是红圈合伙人仍然认为非独立合伙人缺乏主动性和领导才能。当非独立合伙人对新提出的自力更生政策做出消极的反应时，红圈合伙人认为他们的想法得到了证实，他们不得不继续供养着这群不知好歹又爱抱怨的家伙。

当然，事实真相是责任病毒在作怪，各方都在很大程度上助长了对方的缺点，烘托了那种无处不在的互不信任和相互怨恨的气氛。

第四个问题：误解、不信任和怨恨造成机制的僵化。任何一方都难以提出进行实质性变革的建议，因为这类建议会引起怀疑和不信任。同时，在互不信任感的包围下，很难针对某种建议之类的事进行开诚布公的讨论。真正的问题以及它们潜在的解决方法通常都会被掩盖起来，只能以含混不清的方式表露出来。就此而言，责任病毒使公司因循守旧，难有大的举动。

随着近期政策失败而来的互不信任和怨恨，使得各方都极其难以提出一个能打破僵局的解决办法。

第 6 章

THE RESPONSIBILITY VIRUS

决策能力的萎缩

纳德是一个有着棕色皮肤，声音尖细的守财奴。他是 STG 帝国的创立者、董事会主席和主要控股人。他虽然已经 71 岁了，但仍有着 30 多岁人的精力。即便已过午夜，他还是给其长途电话业务 CEO 打了一个电话。他总是对这个 CEO 紧盯不放。

"只是随便问问，迪克，"纳德说，"我看到那些数字并没有出现什么好转的迹象，虽然上次董事会会议决定了一些新的促销战略，情况也还是这样没有起色。"

"只是随便问问？"迪克心想，"这种'随便问问'的方式就和西班牙审犯人时的'随便问问'差不多。"

这些深夜的询问，早已成为标准的操作程序，这一点在他当初决定到 STG 工作时，朋友就提醒过他。迪克今年 45 岁，在另一个国家的通信行业有着骄人的履历。他携家带口迁居至此，为的就是看看自己是否够格，能不能担起首席执行官的担子。

　　但是在过去的 18 个月中，正当迪克已适应新的工作时，纳德变得越来越专横了。起先，晚上打电话还是以对决策提出质疑的形式出现：你真的确定如此吗，你真的明白其中的风险吗？之后，电话的内容就是转变为建议。现在，这些电话的内容感觉更像是直接的命令，虽然仍以问题的形式提出。

　　想到电话那头，纳德的那张皮肤粗硬、带着愠色的脸，迪克将这次特别通话的目标定为"不让他抓到把柄，看看他想让我做什么"。

　　"我对那些数字没有出现转机也感到很失望，"迪克试探着回答说，"但是，我对您在上次董事会上提出的新战略很有信心。"

　　"那只是一个建议，"纳德反戈一击，"还是由你来做出决定，迪克。同时，我也希望，为了你自己，情况能够好转起来。"

　　"天哪！"迪克暗自抱怨道，"那是董事会主席当着全体董事直接下达的一道命令，而董事们则一如既往地一致投票通过了主席的建议。我的工作不是给公司添加新的动力，而是执行命令。"

　　迪克回应说："我想，会的。"但是，他说话时底气不足，他根本不相信情况会有所好转。

　　迪克的信心不足似乎正好被纳德拿来进一步向他施压。"究竟是怎么回事，我们为什么没有在个人消费者市场上好好下功夫？我看到的都是对商业客户进行宣传。如果我们只注重商业客户，是永远不会成功的。"

　　"纳德，你知道的，那是一个很难打进的市场，同时我们还要留心我们的管理费用。"

　　"所以我才聘用了你，我觉得你是个很厉害的 CEO，"纳德对他说，"银行的人三天两头往我这里跑。但是，我不想只是因为前面有一点点小坎坷就承认失败了。"

"我明白。"

"好的,我就知道你会明白的。不久,我会再找你谈的。"

第二天,迪克将他的管理班底召集起来,向他们交代了纳德最新的雷霆之怒。

"我们准备进军个人消费者市场。纳德认为这是一项高度优先的重点工作。我知道这做起来会很难,但是我们一定要做。"

毫无疑问,这项声明招致了强烈的抗议。个人消费者市场太危险了。这和 STG 此前所做的工作完全不搭边,它毫无战略意义。

迪克默默地听着,然后复述了来自高层的话。借助主席的权威,迪克告诉大家各就各位,尽可能制订出最好的方案。

不足为奇的是,业务扩张的启动成本太高了,后一个季度的经营结果比前一季度更为糟糕。

在之后的董事会上,纳德大发了一通脾气:"进军个人消费者市场,这是谁的馊主意?我们早已处在极度的困境之中了,怎么能再雪上加霜呢?"

迪克听着这些话,脸色煞白,目瞪口呆,做不出任何反应。这个"馊主意"是纳德自己出的呀!迪克根本没有选择的机会。除了实施主席要求的计划之外,他还能做什么呢?

在会议结束之际,纳德召开了一个执行委员会会议,并把管理人员排除在外。他想让与会人员知道,银行正在向他施加压力,要求他放弃对长途电话业务的控制权,以免遭倒闭。但是与此同时,在纳德看来,迪克不适合再留在公司了。他请了一家猎头公司去物色一位新的 CEO。

决策能力

决策能力如同任何其他技能一样，实际的发挥水平很少有保持不变的。我们要么发挥得比以前好，要么比以前糟。要表现得更出色，我们就需要设定一些目标。一些对动机的深入分析认为，设定目标是所有可能的干预措施中最有效的方式之一。[1]有了既定的目标，我们便对某种特定的行为负有了责任。随着我们的行为而来的，既有意想不到的困难，也有收获，而这又反过来成为我们自身个性的一种扩张。

问题的关键在于，目标既要是现实合理的，又能对我们的能力提出更高的要求，使我们既不用害怕失败，又不用为某项任务成为例行公事而感到厌倦。米哈里·契克森米哈赖等研究人员将这种境界称为"巅峰状态"。[2]

如果我以前从未打过网球，那么在我学习打网球时，第一步就只是隔着球网把球打过来又打过去。我必须为某种超出我当前能力的任务而承担责任……当然，超出我能力的程度很小。如果我第一步就想一口吃成个胖子，比如试图掌握完美的发球要领，我将会感到手足无措。我会万分沮丧，并且可能会放弃，因为我所承担的责任远远超出了我的能力所及。

要想成为网球手，最好的方法就是求助于职业网球教练，他会教我正确握拍的方式、正确的站势，会让我从接打一些简单的球开始。教练训练我的方式，是连续不断地给我一些训练任务，这些任务超出我当前的能力，但不会达到我完全做不到的地步。随着我一次次地完成这些超越现有能力水平的任务，我的能力将会逐渐增长。这样，承担略微超出自身能力的责任，会对自身的能力起到一种持续向上牵引的作用（见图 6-1）。

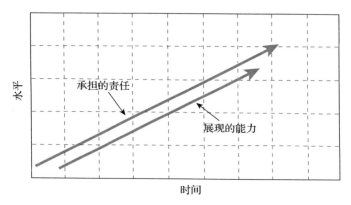

图 6-1　有成效的能力培养

假设等我来上第六节课时，我的教练请病假了。网球俱乐部的经理给我派了一名新教练，这名教练以为我是来上第二节课的。如果我消极地按照他怎么说的我就怎么做，仍然是隔着球网反复接打那些简单的球，我即使是有所进步，也只能是极少的一点点。因为他让我承担的训练任务，在四节课之前确实是对我的能力提出了新的要求，但是现在简直太简单了。当我来上第七节课时，我并不比来上第六节课时有多少提高。至此，我遭受的损失只是机会成本。也就是说，我丧失了在第六节课上得到进一步提高的机会，停滞了下来。

如果像《土拨鼠之日》中的比尔·默里⊖的遭遇一样，出现了某种怪诞的时间偏差，教练让我不停地重复第二节课的训练内容，我的技能将逐渐退化。我击球的技能，将退化至实际的第二

⊖　比尔·默里饰演的男主角，是一个尖酸刻薄的电视台气象报告员，一次意外使他的时光停留，不断重复同一天的生活。

节课后的程度，因为我没有练习我在第三到第五节课中学习到的任何东西。由于缺乏对我的能力进行任何形式检测的机会，我的能力将会在前五节课中顺当地提高，接着就停滞下来，然后便逆向发展。

另外，如果我在第六节课中表现出高傲自大的心态，向教练提出挑战，以 1000 美元现金来赌一场输赢，我也不会提高我的能力。他会把我打得一败涂地，把我的钱装入他的口袋。击败教练所需的技能远超出我的能力范围，是不会有任何有益的向上牵引的作用。如果说这能给我带来什么的话，那就是惨败会使我失去继续学习下去的信心，会迫使我去学习打高尔夫。

承担过多的责任或逃避责任，都会在展现的能力和承担的责任之间产生严重的不协调。

当责任从一边摆向另一边时，我们所做的工作要么是远远超乎我们能力之上的，要么是低于我们能力水平的，我们不是轻松搞定，就是遭到惨败。我们大部分的时间和精力就花费在这上面。只有在极少的一部分时间内，我们处于能力强化模式之中。这种巅峰状态的境界只有当我们承担了一种略高于我们的能力水平的责任时才会出现。当我们对某项任务驾轻就熟时，这种责任又变成了低于我们能力的责任。接着，便出现了新的、更具挑战性的任务，又开始了新一轮的循环。

持续向上的牵引来自承担高于我们当前能力水平的责任，维持这种牵引的唯一方法就是持续不断地挑战。失去了这种有益的牵引，增长就会停止，退化便开始了（见图 6-2）。

在网球场上，如果按你现有的能力打球，你会败下阵来，你的技能也会退化。在工作中，你的决策责任也是如此。

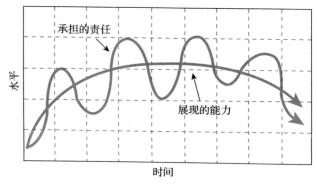

图 6-2　能力的退化

在 STG 案例中的能力衰减

迪克在来 STG 之前，已经取得了很大的成功，但他准备积累一些企业家的经验，以此来增加自己的技能。由于他屈服于纳德专横的领导方式，所以他也没有获得可促使其能力增长的责任。相反，面对那些他本应自己做出的重要决定，他渐渐地退缩了。他退缩到被动地执行董事会主席的命令的地步。不仅是迪克降低了自己的责任水平，他的管理团队也同样如此。迪克尚不知道，自从前两个 CEO 被罢免以来，他们就已经开始降低自己的责任水平了。

最终，迪克的决策水平不仅低于他被聘用后应有的水平，而且低于他在先前工作中实际表现出的水平。他现在工作起来更像是一名 COO（首席运营官），而不是 CEO（首席执行官）。反过来，这又给他的 COO 施加了向下的压力，这个人也相应地调整了他的决策水平。在过去 18 个月的工作中，迪克从来没有作为一个高层决策者来促进自己能力的增长。如果不是感到失望的纳德解雇了他，他的基本管理技能都可能开始退化。

与此同时，纳德被从未有过的责任重负弄得晕头转向，他试图要对所有下属公司的所有选择做出决定。他虽然聪明、坚强、经验丰富，但是同时面对四项发展迅速、竞争激烈的业务，他也无法彻底弄清楚四个公司的详细情况。说得好听一点，他认为长途电话业务 CEO 的决策能力值得怀疑。由于他致使迪克未能充分履行其职责，他自己不得不填补迪克的空缺。

纳德不得不将长途电话业务拱手相让，以平息银行的不满。但这一事件的余波远不止于此。其他业务管理人员也纷纷对纳德施加了更强大的压力，要求由他们来管理，而不是对纳德的突发奇想言听计从。纳德并没有被视为一位能力仍在不断增强的、明智的、年逾古稀的大亨，而越来越被视为一个什么地方都要插一脚的业主，他的时代已然过去，他已经起不了什么作用了。

先前案例中的能力衰减

在 *Wapshot* 的案例中，独自挽留计算机公司客户超出了卡洛琳现有的能力。实际上，她没有做出最理想的决策，才导致了最初的失败。如果麦克对这种失败采取补救措施，向卡洛琳提出建议，帮助她渡过难关，她很可能从失败中吸取很重要的教训，提高自己的能力，为下一次的决策做好准备。事实上，麦克却承担起了全部的责任。他做出了所有的重要决策，使卡洛琳承担着远低于其能力的责任，扮演了一种在后来的工作中麦克示意她来承担的角色。随着她逐渐陷入这种角色，她也就开始了能力退化的过程。

麦克本来有机会去面对一种辅导一位高级管理人员的挑战，作为一个领导、一个管理者，这种挑战可能是一种合适的深造机会。但他却退回到了一个超级销售员的角色，这种角色使他感到无比舒适，也不会给他带来任何特别的挑战。他可以轻松自若地替销售经理做出重要的决定。但是，这种做法无疑使他放弃了作为杂志董事会领导的责任，放弃了那种可能会向他发起挑战、迫使他充实自己的出版商的角色。最终，花费在那种轻而易举的超级销售员角色上的时间，挤走了那些考虑做出与杂志经营相关的重要决策所需的时间。刊物变得索然无味，麦克也垮台了。

在全球产品公司的案例中，那种狭隘的完美主义式的应对机制，不仅导致能力培养活动的减少，同时也导致了能力的退化。经理们把复杂的问题下放，将他们自己的决策责任限定得很小，把成功的标准定得很低，希望能借此来避免风险。在解决复杂问题的过程当中，在进行突破性思考的过程中，在做出打破常规的决定的过程中，他们都没能提高自己的能力。由于要避免风险，所以他们永远无法学会如何谨慎地承担风险。由于要进行监督和销售的工作，他们没有学会如何协同工作。

在全球产品公司的案例中，小而完美主义最终导致了经理决策技能的退化。由于限制了他们所需做出的选择的范围和重要性，他们没有能够运用和强化其决策的技能。当这些经理人员都忙于自己那些切实可行的工作任务时，其决策技能也在慢慢萎缩。不管杰瑞多么想拓展能力、积极进取，经理人员都不愿意发起一种他们已经无力应对的挑战。

由于缺乏提高能力的机会，害怕失败的心理越来越严重。当经理们在各自机构中步步晋升时，他们面对的是更加复杂和困难的决策。通常，他们得到提升是因为他们在建立应对机制方面有成功的表现。然而，当他们晋升后，他们面对的复杂性增加了。害怕失败的心理进一步加剧，随即便压垮了他们的应对能力。

在国际发展局的案例中，喀麦隆的项目为皮埃尔提供了一个极好的潜在学习机会。虽然他在经济发展方面具有优秀的技能和分析能力，但是他的"软"技能，即进行富有成效的合作以促进变革的能力，尚未得到充分的提高。具有讽刺意味的是，他最需要的帮助应该来自他最看不上眼的地方——那几位喀麦隆官员。他需要他们帮助他深化对经济发展中人际关系的认识。他需要他们帮着教他如何更加有效地开展合作。

从一开始，皮埃尔就表示出要全权负责与项目相关的所有决策的意图。面对突如其来、独自承担的失败，在那些最需要提高的方面，皮埃尔几乎没有学到什么东西。

同样，喀麦隆方面的参与者所学到的也不多，或者根本就什么也没有学到，因为他们过于消极，采取了逃避责任的立场。皮埃尔有许多国家的开发经验，他完全可以大显身手。如果与皮埃尔紧密合作，共同承担决策的责任，喀麦隆方面原本是可以学到许多东西的，同时也可以提高其技能。但是，这个项目失败了，而从中他们根本得不到什么东西。

在技发公司的案例中，能力的缩减并不那么明显。在这个案例中，更为明显的是缺乏对一种关键技能的培养，这种技能便是协作本身的技能。

在怀特杰弗里公司的案例中，能力的衰减是很明显的。像哈里这样的非独立合伙人，很容易就陷入非常安逸的角色之中，就此停止了对自己的挑战，结果也停止了自身的发展。长此以往，这些一流法律学校的高才生们对最新的法律趋向就会变得越来越陌生，越来越缺乏自主决策的能力。不仅是他们的决策技能不会再提高，决策所需要的勇气同样也萎缩了。

由于选择了承担过多责任的道路，在协助年轻的律师成长为领导人才方面，红圈合伙人实际上没有学到什么东西，这是公司失败的最大原因。他们从未学会在亲自争取新的工作和培养聪明的年轻同事获得客户管理的技巧之间求取平衡。

从总体上说，在全球经济中，技能的衰减是一种广泛存在的现象。或许最明显、最有名的例子，就是IBM由于缓慢的、痛苦的衰落而导致的在1992~1993年的败绩。在20世纪的50~70年代，公司以极快的速度进行扩张，IBM公司的领导明确承诺：全体员工是终身雇员。这一承诺被视为成功的关键，因为在招聘时，这是一个极富吸引力的条件。然而，它也创造了一种氛围：领导承担着所有的责任。没有人感到员工和领导者需要进行合作以保持公司的竞争力。没有人感到需要磨砺技能，以保持他们对IBM的价值；或者，如果有人感到了这种需要，他们就会另谋高就。

我们知道，这种存在于员工队伍当中的逃避责任，以及存在于领导层中的承担过多责任的家长式作风，会导致一种自满文化的出现。而在20世纪80年代晚期，当计算机市场出现了细分，竞争更加激烈之时，这种文化被一扫而光。在1992年，工作安全的无限承诺终于破灭了。这一年，蓝色巨人宣布冲销85亿美元，接着，1993年公司再度宣布冲销116亿美元，以抵偿裁减10万多名员工所需的费用。这使世界感到震惊。许多IBM的终身员工，面对来自硅谷和奥斯汀的公司，以及三角研究园的激烈竞争根本没有招架之力，感到惶恐不安，觉得自己被出卖了。此外，他们再也不是什么炙手可热的人物了。在以前，如果你有在IBM工作的履历，就意味着只要给猎头公司打一个电话，保证你能再找到一份满意的工作。为什么会这样？原因很明显，在外人看来，他们所具备的显赫一时的技能已经退化了。

与此相类似的是，麦当劳的餐厅也曾一度向外扩张，主导着先是美国后来是全世界的快餐业。麦当劳向它的特许经营商提供了一个被视为"盟约"的承诺。交易是这样的：投资 25 万～50 万美元建设一个餐厅，再在餐厅中工作 5～10 年，你就能发家致富。麦当劳的盟约暗示着成功是肯定的。就像 IBM 一样，成不成功并不是麦当劳能说了算的。激烈的市场竞争、市场的饱和，以及麦当劳的自满，使这一盟约在 20 世纪 90 年代中期无可奈何地破灭了。愤怒的特许经营商大声疾呼，抱怨麦当劳的领导，而且他们也没有获得多少可以扭转其商业价值下滑局面的技能。

在国外，因其进步性而长期在西方享有赞誉的日本终身雇员制度，也致使日本难以拯救其奄奄一息的经济。当时，日本的大公司纷纷反对根深蒂固的用人惯例，指责那些不能且不愿贡献力量的员工。

责任病毒更为凶险的一面在于，如果我们的技能以一种最优的方式持续拓展的话，我们会知道自己应该有些什么样的感觉，知道自己能够做到些什么，但是责任病毒却切断了我们与这些感觉和能力间的联系。

在 *Wapshot* 的案例中，卡洛琳与对自己潜能的感觉失去了联系。当她失去前进的动力时，她只是模模糊糊地感到不自在。与此同时，麦克对自己在超级销售员角色水平之上的那些技能失去了信心。很久之前，超级销售员的工作曾是他所谙熟的。在全球产品公司案例中的经理人员对完美主义乐此不疲，但对生意为什么没有兴隆起来感到奇怪。他们忘记了提高自己是什么感觉，也忘记了如何挖掘自身的全部能力。

在皮埃尔和他的项目消失之后，喀麦隆的官员开始就自己的一个项目展开了工作，并使自己从皮埃尔的计划中摆脱出来。因为他们对皮埃尔遗弃了他们感到非常气愤，他们的注意力都集中在那种情绪上，而不是关注他们自己拿不出好的计划所带来的种种不安。对于皮埃尔和国际发展局的这些人来说，麻烦在于直到现在，他们仍未迫使自己去努力思考关于自身发展的问题。

在技发公司的案例中，高级管理人员们会感到很奇怪，为什么全球竞争是如此艰难，为什么他们看上去似乎被竞争者挫败了？在怀特杰弗里公司的案例中，非独立合伙人着手展开自力更生的工作，让他们感到奇怪的是为什么这种工作看上去这么难。在 STG 的案例中，让迪克感到奇怪的是在上一份工作中他还是一个业界的明星，为什么这份 CEO 的工作看上去这么莫名其妙。

没有成就，也无从获知——这就是责任病毒受害者所付出的代价。

03

| 第三部分 |

病毒免疫工具

结构化决策流程

第一商业银行曾一度是市场上最大的一家银行，后来在几个关键的领域被一些小竞争者所赶超。许多规模较小、行动敏捷的小竞争者选择了一些特定的营业范围，并在这些营业范围中集中全力，最终取得了主导地位。与此同时，第一商业银行则仍然四处出击，依然是以前那副大机构的架势。在过去的10年里，第一商业银行只做出了很少的几个战略决策，主要是固守原有业务。

毫无疑问，这种决断和创新能力的缺乏引发出了两个问题。第一，华尔街分析师认为第一商业银行已经变成一只行动迟缓的大恐龙；第二，投资家更倾向于那些比第一商业银行的规模小、但经营范围明确的竞争者了。第一商业银行曾经考虑买进的一些公司，其现在的证券市场价值已经远远超过了第一商业银行，并且能够轻而易举地买下第一商业银行了！

有50多年的时间，第一商业银行的工作作风都是相当独裁的。CEO 经常会躲在办公室里，做出要求整个企业认真执行的决策。但是，在最近 10 年里，这一系统运作得越来越没有效率了。第一商业银行所从事的这个行业比过去要复杂得多，并且以前所未有的速度变化着。与其说 CEO 躲在办公室做决策，不如说他们是将办公室当成避难所了。

面对着这一趋势，35 岁的豪思德充当了"舵手"的角色。他具有丰富的银行业经验，在第一商业银行工作多年，十分了解第一商业银行及其每个成员。但是市场也确实给了他很大的压力。人们认为他受第一商业银行的内部文化和思维模式的影响太深，而正是这两点导致了问题的产生，所以人们称他为"内部安全选择"。他本人也不得不承认其中的部分观点，从他保守的衣着到他稀疏的银发，再到他缓慢、装腔作势的说话风格，都可以看出第一商业银行的做派来。

但是豪思德知道第一商业银行需要一个战略，并且已经到了刻不容缓的地步。工作人员没有士气，股东都想着尽早抽身，就连行业管理机构的官员也表现出怀疑银行还能否长期存在下去的疑虑。按照第一商业银行的传统，他应该离开一段时间，好好地想想，然后带着一个绝佳的策略回来。然而这次他知道，这样是行不通的。他不知道问题的答案，他需要高级经理人的帮助才能够做出决策，同时他还需要这些经理人们能够在决策做出之后，全身心地投入进来执行决策。

与第一商业银行的一贯作风相悖，他选出几个十分信任的高级经理人来与他共同制定战略。团队成员包括：米弛，小额业务经理；詹姆士，对公业务经理；尼尔，信用卡业务经理；威利，新兴电子银行业务经理。

从一开始，这个团队及其任务就极具挑战性。第一，每个人都认为它在很大程度上就只是做个样子而已，最终还是由豪思德本人做出战略决策，尤其在他的想法与团队其他成员想法不一致的情况下更是如此。第二，团队中的大部分成员都认为他们是在通过这项任务来竞争豪思德的职位，因此整个活动充满了竞争的色彩，而不仅仅是合作。第三，他们并不是真正地互相信任，其中一些人有冲突，对于第一商业银行的前途也是各持己见。

然而，对于豪思德来说，木已成舟。无论他的队员是否信任他，他都要与他们共同制定出一个战略来！

团队决策中的问题

豪思德面对的是一个典型的感染责任病毒的案例。在第一商业银行，独断专行的管理方式破坏了有效的合作。出于只赢不输的主导价值观，他的同事并不真正愿意听别人的话，以免让他们意识到自己的观点是错误的，要是那样的话，他们就算是"输了"。

为了要保持控制权，他们不愿意采用公开的头脑风暴法，因为那样的讨论会走向预料之外的、令人不舒服的方向。因此，最终他们为了避免尴尬和保持理智，而选择不将观点以及其背后的逻辑思路公布出来。这样做还有一个原因，就是他们害怕受到的批评会让自己感到被轻视，甚至遭到别人的愤恨。

心理学家罗伯特·阿贝尔逊曾经这样描述人们对待自己信念的方式：人们对待自己的信念就像是维护自己的财产一样，总是努力试图使类似"胜利""控制"和"尊严"这样的幻想得到维持。[1]这些"财产"中经常充斥着一些具有个人色彩的神话，并且我们从不客观地观察这些神话，也不接受其他人的批评。因为人们害怕如果真正地进行合作，这些观察和批评会使我们处于岌岌可危的位置上。这种防御性姿态的结果就是，团队的决策并不比个人的决策更有力。

以下就是豪思德团队最终会产生的负面结果：

（1）无法达成一致意见。团队从来就没有充分地投入到问题中去，自然也就无法做出决策。他们只是将决策延迟，对延迟所带来的种种后果自认倒霉。这其实就是第一商业银行公认的传统。

（2）不好的一致意见。由于团队没有能够充分利用各个成员提供的逻辑和数据，所以无法做出一个良好的决策，以致达成一个不好的决策。责任病毒使承担过多责任的成员提供的逻辑和数据得到另眼看待，或者至少是分量显得过重；而那些逃避责任的成员所提供的逻辑和数据则被忽略或压制，所以他们索性退而采取观望的态度。这就是我们通常所谓的"集体思考"。[2]这只是一种次最佳义务的选择性组合，心理学家很早就给出了定义，称之为"从众压力"，即害怕冲突和由害怕放弃而引起的焦虑。[3]

（3）不真实的一致意见。看起来团队似乎做出了选择，但是事实上是逃避责任的成员没能说出自己的反对意见。在这样的情况下，沉默的一方在真正执行这一选择的时候，就会行动迟缓，不合作。结果就会影响选择的执行，或者最终导致对选择的修改。正如尼克森所指出的：对于其他人在想什么，甚至是对于他们对我们的想法是怎么想的，我们有许多常是错误的猜测。[4]换句话说，我们太幼稚了，完全是按照我们的想法和目的，来选择我们相信什么。

（4）不牢靠的一致意见。各方竭力维持一种一致意见，而对这一意见谁也没多少热情，谁也不真的把它当回事。稍有风吹草动，这种意见马上就会被撤销。不牢靠的一致意见受到的抵制要小，仅次于不达成一致意见。通常是当上面要求尽快做出决策的时候最容易出现的情形。

团队决策流程的要求

豪思德和所有第一商业银行的领导人所面临的挑战，就是为团队选择一种决策流程。这一决策流程要符合如下条件：

- 能产生良好且十分有说服力的选择。
- 同时还要不妨碍公司主导价值观，不触发责任病毒。

良好而有说服力的选择源于合理的逻辑，以及有效的、有代表性的数据。我们确定自己是否有合理的逻辑和数据的唯一方法，就是通过全面和公开的测试。只有当数据是从所有相关成员那里得到的，我们才能确定它是有代表性的。

我们还要重申一下，测试必然会是令人恐惧的，因为它威胁到只赢不输这一原则。当成员都不肯交出数据以免接受测试的时候，挑选出有代表性的数据是很难的。并且每个人都带着他的个人特色，这已经够让人难以理解的了，更别说还要处理这些因素。这就是为什么一个安全、带有鼓励气氛的环境，对于成功的团队决策流程是必需的。

要想提供一种让团队成员感到舒服的环境，让他们愿意提供自己的数据和理由，我们就先要理解他们是怎样形成自己的观点的。

我们怎样思考

团队中的每个成员都会从各自的经验中得出数据，这些数据在某种程度上适用于手头的决策。同时对于考虑当前这一决策，他们还会有自己的一套逻辑结构。让成员们用自己的方案，他们就会从现有的数据库中找到一些成果、过去的经验等，再对这些数据进行若干层次的推理或推论，最终得出一个结论。

举个例子来说，桑迪，视像技术公司副总裁。这是一家很有创意的办公产品制造商。一次她去会见一个客户，会见的同时也收集了一些反映客户意见的数据。然而，她毕竟只是一个普通人，不可能将她听到的全部都记下来。所以，她有选择地做了记录：有的数据被记得详细清楚，有的则干脆被她所忽略了。

桑迪挑选出客户"开场白"中很重要的前一部分："我真是很喜欢视像技术公司，很长一段时间以来，它都是这个行业的创新领导者。"但是她并没有记录下后半句话："但是我的成本压力越来越大，不得不做出权衡。"

她试图通过连续的层层逻辑来理解这些数据。首先，对它进行诠释，使之便于记忆，并存储下来；其次，给它命名，就像是我们给计算机文件命名那样；之后，再评估其后果；最后，得出一个行动决策。

在她的决策制定中，桑迪就是在爬克里斯·阿吉里斯所说的推论阶梯（见图 7-1）。[5] 随着她向上爬，推论也离最初的数据越来越远。如果换了别人，肯定想不通桑迪怎么会从最初的那句话得出这么个结论来。随着桑迪继续向上爬，在她最初的数据选择中所犯的错误，都会被扩大好几倍。

桑迪决定怎么做
（创新和领先地位是我们的努力方向）

桑迪对将要发生的事情进行理解／评估
（如果我们继续创新和保持领先，就能留住客户）

桑迪给数据命名
（客户都看重领先地位和创新能力）

桑迪对数据进行诠释
（这一客户看重我们的领先地位和创新能力）

桑迪选择数据
（我真是很喜欢视像技术公司，很长一段时间以来，
它都是这个行业的创新领导者）

客户　我真是很喜欢视像技术公司，很长一段时间
以来，它都是这个行业的创新领导者；但是
我的成本压力越来越大，不得不做出权衡

图 7-1　推论阶梯

　　解决数据缺陷或者不完整这类问题的唯一办法，就是把数据和逻辑推理过程说出来，让团队其他成员进行测试。通过一种公开的、挑战性的讨论形式，推论阶梯得到验证，并能够最终得到一个良好的决策。

　　这一决策还必须有说服力，也就是说，它必须能够使团队在这个决策的基础上共同采取行动。要产生这种责任感，就必须让每个成员都感到团队很重视他在数据和逻辑方面所做出的贡献。这在两个方面对决策流程构成了挑战。

　　第一个挑战在于，由于每个团队成员的推理形式和所积累的数据都不相同，所以基本观点不一致的情况在任何时间内都会发生。换句话说，每个团队成员都有可能从同样的论据中得出完全相反的结论来。他们之间存在着"推论阶梯的斗争"（见图 7-2）。[6]

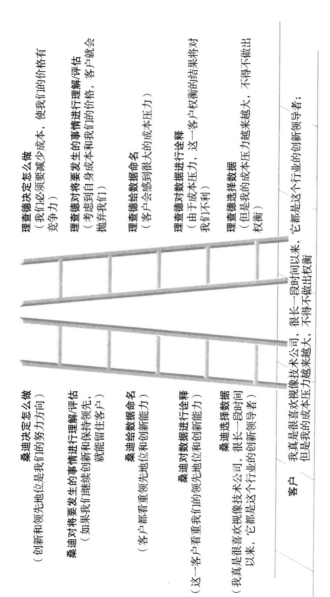

图 7-2 推论阶梯的斗争

桑迪决定怎么做
（创新和领先地位是我们的努力方向）

桑迪对将要发生的事情进行理解/评估
（如果我们继续创新和保持领先，就能留住客户）

桑迪给数据命名
（客户都看重领先地位和创新能力）

桑迪对数据进行诠释
（这一客户看重我们的领先地位和创新能力）

桑迪选择数据
（我真是很喜欢视像技术公司，很长一段时间以来，它都是这个行业的创新领导者）

客户
我真是很喜欢视像技术公司，很长一段时间以来，但是我的成本压力越来越大，不得不做出权衡

理查德决定怎么做
（我们必须要减少成本，使我们的价格有竞争力）

理查德对将要发生的事情进行理解/评估
（考虑到自身成本和我们的价格，客户就会抛弃我们）

理查德给数据命名
（客户会感到很大的成本压力）

理查德对数据进行诠释
（由于成本压力，这一客户权衡的结果将对我们不利）

理查德选择数据
（但是我的成本压力越来越大，不得不做出权衡）

　　理查德是视像技术公司的另一名副总裁，他在同一次会议中听到客户所传达的信息与桑迪的就不一样。不同之处很简单，只不过是两人的着重点不同，一个人注重信息的前一部分，另一个人注重后一部分。然而，由于两位副总裁又都分别对这些不完整或者冲突的数据进行了一些论证，分歧就越来越大了，最终桑迪和理查德得出了截然不同的结论。经过几番推理之后，两人都无法理解对方是怎样得出不同结论。他们站在各自的阶梯顶端，朝对方大喊："真是弄不明白。"

　　要让桑迪和理查德承认论断的说服力，任何决策都必须能跨过他们截然不同的结论之间的"断层"。

　　正如我们之前所看到的，由于恐惧和随之而来的责任病毒四处蔓延，团队成员很难清楚地表达出他们是怎样得出自己的结论的。主导价值观推动他们撤退，而不是去冒险导致尴尬局面或让自己的数据和逻辑遭受挑战。

团队流程的关键设计功能

　　要在会议中摆脱责任病毒的侵扰，就需要先处理我们的主导价值观。

　　要避免违反"只赢不输"的原则，流程必须将观点与个人分离开来。各种观点为团队集体所拥有。如果经过研究和考虑，将某一观点搁置一旁，搁置的也是团队的观点，而不是某个人的。对于那些害怕被周围人视为输家的人来说，这一点尤为重要。流程还要避免各方在观点发生冲突时试图压倒对方，以致产生紧张的状态。就是立场的冲突应该在收集新数据的基础上得以解决，这些新数据对于冲突双方来说都应该是真实且可以接受的。

要避免违反保持控制的原则，所有成员都必须觉得只要有必要，他们就能够影响到关乎自己利益的任何方面。如果他们对于某个想法特别感兴趣，那么他们就必须觉得他们能够改变考虑这个选项的方式。如果他们对于某个想法持有怀疑态度，那么就必须给他们以对选项进行测试的权利，以及验证测试标准的权利。一定不能让他们感觉自己好像在流程中孤立无援，而只能凑合了事或者干脆退出。这对于那些一感觉到情况失控就撤退的成员来说是十分重要的。

要避免违反避免尴尬的主导价值观，流程还是要将想法与个人分离开来。团队成员不应该担心一旦自己提出了一个新的想法，这个想法就会一辈子跟着他，给他带来尴尬。有些成员对尴尬的感觉异常敏感，因为他们认为自己的智力不如团队中的其他成员。由于这一点，流程就必须要有极强的包容力。团队要对各种想法兼收并蓄，不管它有多么古怪。这样就没有人会被看作是在拼命推销自己的方案，结果因为想法过于极端反而没有被通过。这还确保团队成员保持理智，因为是否采纳某个想法，所依据的都是道理，与感情无关。

总之，团队流程必须避免受到主导价值观的负面影响，包括由团队成员个人因素而带来的影响。

结构化决策流程

最初豪思德要我帮忙为第一商业银行创建一种策略时，我采用了一个独创工具：结构化决策流程（见图7-3）。

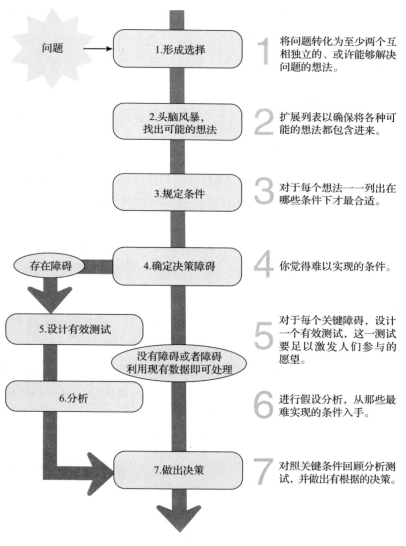

图 7-3　结构化决策流程

豪思德利用召开最初设定以做出选择的会议的机会，再次强调他不打算自己做出决策，而是希望以团队形式做出决策。许多团队成员并非完全相信这一点，但是这最初的信号帮助他们没有退却到逃避责任的立场上去。下面我们采用了 7 个步骤来达到目的。

1. 形成选择

通常，必须形成可供选择的方案之后才谈得上决策。这些方案必须是可以进行操作的，只有这样，团队成员才能全力地投入到流程中去，不然的话他们就无法明白决策的后果是什么。

团队必须要看得远一些，而不仅仅局限在现有问题上，以便可以察觉到问题背后存在什么样的利弊权衡，以及需要做出什么样的决策。直到确认了至少两个互相独立的、或许能够解决问题的想法后，选择才完全形成。

公开性是团队流程的基础，没有这一条，就没有团队流程。如果团队中的任何成员感到某个想法很重要，那么对这个想法就应该加以考虑。如果把某位成员特别强烈支持的想法排除出去置之不理，不仅会产生违反主导价值观的尴尬局面，还可能会导致这名成员撤退到逃避责任的立场上去。这个恼羞成怒的成员可能在后面的流程中也会一直如此。

然而，团队中有的人可能会对某个公开讨论中的选择不满。或许是因为他们感到这种选择具有危险性，也可能是感到若是做出这样一种选择，就会使流程失去控制。对于这些担忧也要慎重地考虑，否则流程就会违反保持控制这条主导价值观。必须要向有此不满的人保证：如果在讨论中发现这个选择中出现任何一点开始失去控制的苗头，就会立即通过流程将其带回到控制中来。

在第一商业银行，团队得出结论认为，关键的选择在于是继续全面发展并且使其成为第一商业银行的优势，还是剥离一些业务，将注意力集中于较窄的范围，并争取在这些范围内独占鳌头。确认某种选择能够帮助团队投入工作中来，因为每个人都理解了决策的结果将会怎样。每个高级管理人员都知道这种思考的结果决定了他们所经营的业务是否会被卖掉。

对于信用卡业务经理尼尔来说，这是一个非常重要的问题。无论何时，只要谈起缩减业务组合，人们都要举信用卡的例子，这一点时常让尼尔感到生气。他相信之所以如此，并非是因为信用卡业务最应该剥离，而只是因为这项业务最容易剥离而已。尼尔最初是做那些最没有吸引力的业务而发展起来的，他常常害怕其他高级主管将他当作二等公民对待。

通过倾听团队关于第一商业银行缩减业务组合的讨论，尼尔相信团队并不是怕麻烦。他们不是仅仅在寻求最简单易行的答案，也不是要挤走他和他的业务。

2. 头脑风暴，找出可能的想法

前面的步骤把问题变成若干个选择，但这只是一部分可能的想法，而下一个目标就是扩展这一列表。

这一步的目标就是要做到全面，而不需要限制想法的数量和类型。在流程的后面部分，团队会对列表进行提炼和修改。此时，营造一种任何想法都可以说出来大家讨论，而不用害怕尴尬的气氛，这同样是很重要的。对各种想法都应该持欢迎的态度，而不是先来一番横挑鼻子竖挑眼之后，再看是否接受它们。当然，此时决不能说某个想法没分量或者不行。接下来的结构化决策流程步骤会剔除那些不可行的想法。

想法应该被认为是一种叙述或情节，就像一个以大团圆为结局的令人开心的故事。这一故事应该在逻辑上有内在的连续性，但是此时还不需要得到证实。事实上，甚至根本不需要说这个想法能不能行。只要我们能够想象到它或许能行就够了，至于是不是真的能行，经过后面的测试自然就知道了。把想法编成故事，别人就不会说这是你自己的想法，存在偏见或者没有根据，各类想法不会受到消极对待。这有助于达到全面包容性的目标，让大家将更激进、更新颖的想法提出来。流程中有大量的时间来删除想法，但是如果想法在一开始就受到了限制，那么流程就不能发挥出应有的潜力。

把想法变成故事，还有助于团队成员讨论其可能性，因为人们比较容易对故事进行思考。像讲故事那样，让大家说说为什么这一想法能成，将会比引用数据和逻辑来讲述要容易得多。

在这一步，关键是要创造一种气氛，通过热情地欢迎各种想法来避免消极和逃避责任的行为。同时，消除那些承担过多责任的行为也很重要，让那些最有可能犯错误的人意识到整个团队都已经投入进来了，并不需要由他来负责。

在他们的第一次会议中，第一商业银行团队得出了 6 个想法。在第二次会议中，他们又增加了 3 个，这样总共就是 9 个。在第二次会议即将结束时，他们对自己得出了这么多的想法感到很惊奇，并且准备先考虑那些激进的想法。其中一个想法就是维持现状。另一个是试图保持现有广泛的业务组合，但是同时要把这种广泛性转变为竞争优势。然而，有 6 种想法都要求卖掉大量的现有业务，购买新业务，大量地减少现有业务组合。如果选择了这 6 种想法中的任何一种，这家银行都会发生大的变革。最后一个决策是豪思德提出的，这就是"退出"，也就是第一商业银行将自己整个卖掉。团队中的一些成员对此感到很震惊，他们认为这是根本不可能的。

退出信用卡行业和公司业务的观点并没有引起各个相关部门领导的强烈反对，对于这一点，团队也表示出惊讶。包容性和彻底性的精神战胜了狭隘的、固执的担忧。

3. 规定条件

在团队开始削减工作之前，团队成员必须做出规定，符合哪些具体条件的故事听起来才算是合情合理。

要确定这些关键条件，我使用了一种流程，我称它为"反向工程"。这一流程在每个想法的推论阶梯中都要用到。我们首先假设结论是可行的，然后据此倒推哪些逻辑和数据是正确的。在流程的这个阶段，我们依然不关心某个想法所必备的条件是否能够被满足。我们只是想知道对于所有团队成员来说，要证明故事可信，到底哪些条件应该是真实的。

流程的第三步邀请那些对某个想法持有保留意见的人将他们的意见说出来。弄清楚为什么他们会保留意见，这有助于公开测试所有的可能性，而不只是在团队成员的脑子里私下进行。如果通过测试各项条件都能被满足，大家都能看到这些条件是能够被满足的，这会促使成员将其付诸行动。如果条件无法具备，那么想法的提出者也会看到他提出的想法得到了公平的对待，虽然没有通过也会觉得心服口服。

流程没有所谓输赢，并且不会导致情绪波动。每个成员的条件都得到了平等地对待，并确保没有人由于害怕尴尬而心怀不满。所有想法都是由团队通过反向工程处理的，而不是由提出想法的某个人来操作。对于大家认为不能满足的条件，任何人均不得发表意见，以免团队陷入输赢之争。

在反向工程的结尾，每个团队成员都理解了每个想法背后的逻辑思路，也理解了那些想法分别需要哪些条件的支持。

第一商业银行团队对 9 个想法实施了反向工程，尽管这些想法本身可能十分激进，但大家始终是平和而友好的。

尽管这一步并不是要对决策进行评估，但是团队考虑了其中两个想法的条件，感觉这些条件实在是难以被满足，所以它们应该从列表中删除。这两个被删除的决策之一是保持现状。这就是说，团队感到如果要维持现状，要满足那些条件简直是不可思议的，所以也就没有必要对这一想法再做考虑了。他们知道，这也就意味着银行战略的结束。团队的每个成员都已经准备好投入变革了。

4. 确定决策障碍

结构化决策流程的第四步是一个 180°的大转弯。在前面几步中，我们闭口不谈某个条件能否实现，而只是问这样一个抽象的问题："需要具备什么样的条件？"现在我们想要知道团队成员认为哪些条件是不可能实现的。这些条件决定了是哪些因素使得某个想法缺乏说服力。在所有障碍都被克服之前，暂时还要维持原状。

在这一步，一定要特别关注对条件能否满足持最大怀疑态度的成员，因为在选择或实施某个想法的时候，他会成为最大的阻碍。例如，"扩展产品线"这一决策的条件就是与提高产品性能相对比的，客户更注重产品线的范围。销售部的副总裁，基于他与客户打交道的多年经验，对此表示怀疑。事实上，他相信情况恰恰相反。这样他就会公开或者不公开地妨碍"扩展产品线"这一决策，除非他自己也相信了客户更注重产品线的范围而不是产品性能。

对于这些持有怀疑态度的团队成员不要采取压制的态度，应该鼓励他们说出自己的想法。这个人为什么会有这样的担忧并不重要，重要的是他担忧的是什么。一旦这种担忧的想法被提出以后，团队就必须严肃地对待。如果这种担忧受到讥笑或者被置之不理，怀有疑虑的成员就会由于不愿意面对这样一个公开的尴尬局面，而逐渐转到逃避责任的立场上去，那么其他一些心存疑虑的人也会把自己的担心压下去不说。如果团队没有将成员的担忧作为团队的担忧来考虑的话，提出担忧的成员就会感到只有自己要为此负责，这其实也是个问题。

如果成员把主要的疑虑提了出来，也得到了严肃地对待，那么这就会使每个成员都感到他在维持着控制。他们不用过多地担心他们认为毫无道理的想法会被通过，因为他们能够保证自己的条件得到严肃认真地对待。出于同样的原因，他们也不需要担心自己最钟爱的想法会被忽略掉。只有通过由他们参与设计的分析测试，或者团队成员的全体同意，才能决定对某一想法不加考虑。

除此之外，如果把各种想法、条件和障碍都视为整个团队的共同产品，而不是将其看作某个成员私有的，那么由于担心失败和遭受尴尬而产生的害怕情绪就会大大减少。所有这些都会减少团队成员消极被动的行为，或降低其想要攫取控制权的可能性。

在第一商业银行，豪思德的团队对剩下的 7 个想法的障碍条件进行了确认，并划分了优先级级别。由于考虑到了各方对于每个想法的担忧，所以没有人会觉得自己要单枪匹马地捍卫某个想法，哪怕是这一想法对他的职权范围有直接影响。

在考虑过这些条件和障碍之后，团队一致认为还有两个想法也是不可行的。这两个想法中的一个本来可以使尼尔的业务成为整个战略的中心，因此许多团队成员在一开始有点担心尼尔能否客观地对待这个问题。没想到尼尔也同意了舍弃这一想法，对团队的其他成员来说这真是令人惊喜。在确认障碍的会议之后，一些团队成员都觉得奇怪，当初自己怎么会觉得尼尔心胸狭隘、处事呆板呢？明明不是这么回事。

5. 设计有效测试

一旦关键障碍条件得到确认之后，就必须要对它们进行测试，测试的方法要让整个团队都认为有说服力。测试可能会复杂到要对 1000 名客户进行调查，也可能只是跟一个供应商谈一谈；测试可能会产生大量的数字，也可能并不产生任何数字。问题的关键在于决策团队是否认为测试是正当有效的。

团队中持有最大怀疑态度的成员对于测试设计来说也是很重要的。通常，他对于测试的要求最高，要他心甘情愿地实施决策也最为困难。然而，如果他不是发自内心地支持某个想法，就算达成"全体一致"也只能是假象。

最终目标是设计出的测试要使团队中的每个成员都能致力于做出决策并采取行动，但是前提是条件经过了分析确认。

不同的团队成员对测试的有效性很可能会有不同的标准，这些标准可能互不相容，这就导致了对于同一个条件要做多种测试。然而实际上，团队常常最终还是只执行一个严格的测试就能达成一致了，尤其是当测试方法的建议来自团队中那个疑虑最深的人的时候。

当我告诉他们，我打算让团队中疑虑最深的成员来制定测试标准，并且由他来领导设计测试的时候，第一商业银行团队的成员都感到十分震惊。他们高呼这会使标准设置得过高而根本无法达到。当然他们都反对这一提议。

我请求团队试一试，结果让他们感到诧异：没有一个人设置出来的标准被认为是太过分的。当测试设计展开之后，团队成员都感到很满意。他们并没有失去控制，没有面对尴尬局面，也没有陷入一赢一输的境况中。因此，没有人感觉自己对于通过设置测试来消除只有他自己担心的那种想法承担了过多的责任。每个团队成员都认为自己有责任设置一个最低标准来使整个团队都感到信服，而不是通过设计出的测试扼杀这个想法。

剩下的那 5 个想法的测试设计都进行得很顺利，获得了全体成员的一致通过。

6. 分析

按照此前测试设计规定的方法进行分析，给设计带来了两个主要的特点。

我把第一个主要特点称为"懒人的决策方法"。这一方法按照与团队信心程度相悖的顺序对条件进行分析测试。这就是说，对团队认为最不可能的条件，最先进行测试。如果团队成员的怀疑是正确的，相关想法就会被去除，而不用再测试其他条件了。如果团队成员的怀疑被证明是错误的，那么就要测试下一个使团队对其信心不足的条件，依次类推。

测试经常是决策流程中最昂贵和最耗时的部分，但是这一"懒人的决策方法"却可以节省大量的资源。如果平均一个想法带有四五个必须要进行测试的障碍条件，那么"懒人的决策方法"就会先着手于那个最难对付的障碍，然后再处理其他的，这样就可以把平均每个想法需要测试的条件减少为两三个。

第二个主要特点就是，让对测试能否证明条件可行性疑虑最深的团队成员，对每次分析进行监督。这就使怀疑者相信测试的确是在严格的标准下进行的。如果他们向团队反馈，测试证实了条件成立，那么整个团队都会觉得结果是有说服力的。

产品范围最大化和产品范围最小化是团队最为怀疑的两个想法，所以这两个是最先进行测试并被去除的。把公司整个卖掉的想法被当成最后的手段，除非其他想法都不可行，才会进一步考虑它。

接下来只剩下两个想法要考虑了。第一个想法是将现有业务减少到三个的想法：只保留面向高收入、高价值的个人的财产管理市场，面向较大范围客户的小额电子银行业务，以及小型企业市场。第二个想法是退出金融产品制造业务（例如，共同基金、抵押、贷款等），成为一个采用高级电子银行业务平台的、基础广泛的第三方产品经销商。

7. 做出决策

现在是做出决策的时候了。通常这也是整个流程中最艰难、最棘手、最耗时的部分。这些会议通常不在自己的公司里进行，与会者通常身边只有一堆分析报告。过去，人们对这些会议总想毕其功于一役，一次就把问题全部解决掉。由于层级很高，推论阶梯特别不清晰，这就形成了滋养责任病毒的肥沃土壤。过去，这样的会谈总会带来失败、失去控制、尴尬的局面和失去理智，从而威胁到主导价值观。与会者不是选择退出、日后伺机进行消极抵抗，就是攫取控制权，以求最终得出他们自己想要的结论。

有了结构化决策流程以后，决策制定的步骤就变得简单而不会走极端了。团队对每个想法背后的逻辑有了共同的理解。团队对每个想法的障碍都设计了测试。对于每项条件，都由疑虑最深的成员设置测试标准，并监督整个分析测试的过程。

团队只需要审查分析测试结果，并执行根据前面的步骤做出的决策就可以了。从根本上说，任何一个决策被做出之前，都已经取得了所有人的支持，没有必要在最后关头再进行激烈的争论。这里也不存在责任病毒出现的可能性，因为主导价值观并没有受到威胁。

在第一商业银行，对于转变为分销商的想法的关键测试就是看：假使不涉足制造业务，能否维持充足的利润。测试结果是不能，于是这一想法也被去除了。然后，团队就将注意力集中在仅存的财产管理、电子银行和小型企业市场的想法上了。

严格的测试证实了这一想法的条件是能够被实现的。团队在最后的会议上同意了这一决策。整个过程中没有恶言相向，大家齐心协力，努力向前，努力使战略获得成功。比起一开始的时候，成员们感觉团队现在更像是一个团队了。现在他们有信心可以在一起有效地工作、共同应对挑战了。

框架试验

　　卡丽在战略伙伴有限公司的顾问中很有代表性——名牌大学的优等生，曾在著名商学院中学习且成绩骄人。这些顾问已经习惯于被称为天之骄子，但是他们却不习惯于失败。

　　卡丽出身于美国缅因州的一个工人家庭，她长得漂亮，头脑聪明，考入了耶鲁大学，学习努力，又以优异的成绩毕业，因而成为她所在的小城市的风云人物。毕业时，很多公司争着聘请她，她进入了波士顿的一家投资管理公司，开始的职位是证券分析师。

　　然而，时间不长她就对此感到厌烦了。之后，她离开了这家公司，到哈佛商学院去学习。在这里，她对战略咨询产生了兴趣。不像在投资公司，这里的工作需要动用她大脑中的每个神经细胞，并且有机会让她与最具挑战性的客户问题打交道，让她感到自己的工作确实是很重要的。

　　在所有的战略公司中，战略伙伴有限公司对卡丽来说最有吸引力。关键在于它独特的咨询哲学：主动合作增加客户的知识，同时也保证充分利用自己的知识来形成解决方案。在任务结束的时候，该公司并不是只将一大堆调查报告摊到客户的桌子上就完事了。通常该公司对待项目的做法是，客户与顾问一起对目标问题进行深入讨论，然后共同确定一个希望得到的成果。他们会成立一个联合团队来制订联合工作计划，由战略伙伴有限公司的顾问和客户方的员工分工合作。

卡丽在该公司的面试过程中，唯一的担忧就是她出身于缅因州的一个小地方，这会不会影响到她的机会。但是她被当场聘用了，她感到非常高兴。

在该公司的头三年，各方面都进展得很顺利。卡丽在很有经验的案例领导手下工作，而且大家也都认为她是一个不知疲倦的同事，总能保质保量地完成任务。

现在的工作没有那么容易做了，卡丽成了案例领导。在她35岁的时候，她第一次开始怀疑她是否真的适合这一行业。她目前接手一个困难而又紧迫的项目，相对而言她的团队经验不足。工作似乎也不怎么顺利。

在最初的计划会议上，卡丽感到她的客户团队成员在任务类型和工作速度方面都达不到要求。尽管他们看起来是被吓住了，卡丽还是严格按战略伙伴有限公司的传统，要求客户也要参与进来，并试图让他们在整个流程中通力合作。

现在她对她当初的决定也产生了怀疑。在最初的合作阶段，客户方的团队成员一直完不成他们的任务，现在已经威胁到了整个项目的成败。卡丽从来没有在任何事上失败过，现在她也不想破例。

她决定自己充当"掌舵人"的角色。她又对此做了自认为合理化的解释，她对自己说："我们面对的形势很严峻，一旦失败，损失会非常惨重，而且人人都会看到。作为唯一能够挽救这种局面的人，我必须站出来。我还必须尽量不露声色，以免让他们感觉自尊心受到伤害。我可不想客户成员认为是我强迫他们的。"

卡丽对工作计划进行了重新安排，以将客户成员任务的难度降至最小，并只让这些客户成员从事简单的数据收集工作。更加复杂的工作还是留给自己公司的成员来做，自然卡丽本人承担起了一大部分工作。她们并没有因为第一阶段的工作失败而把时间表往后延，以免让客户方总裁认为整个团队表现不佳。

客户团队成员都松了一口气，并且充满热情地接受了这一变化。他们知道事情不那么顺利，能够摆脱真是让人再高兴不过了。事实上，他们有一种如释重负的感觉。现在他们希望在卡丽的完全领导下，把项目做成功。

他们的被动接受并没有改善其在卡丽心目中的印象。她对自己说："就像我想的一样，他们并没有全力以赴。他们只是坐享其成而已。好吧，这就是我总是领先一步的原因！"她开始将这些客户成员视为多余的包袱。当他们主动给予帮助或者表示关心的时候，卡丽很难隐藏住对他们鄙夷的心理。她明显让人感觉到，她认为花时间来回答他们的问题简直就是浪费工作时间。她的傲慢只会让这些客户成员更加没有热情。他们开始憎恶卡丽的独断专行和完全控制，同时卡丽也对他们就项目的"恶劣态度"感到厌烦，觉得他们都是些寄生虫。

卡丽不仅要做好自己的工作，还要完成他们的任务，难免会吃不消。她耽误了一个关键的最终期限。在延期举行的汇报会上，尽管她得到了更多的时间，但同时也受到了严厉的批评。会后，客户方总裁及卡丽的老板进行了一次私下会谈。

"卡丽，客户方感到很不满意，"事后他老板满脸严肃地对她说，"他不仅仅是因为你错过了最终期限而感到难过，还是因为他的员工都快要造反了。他们说你完全把他们排除在外，而自己牢牢地抓住了控制权。在他们看来，你是一个控制狂，除此之外还是个荣誉狂。他们认为如果合理地对他们的工作进行分配的话，是绝对不会错过最终期限的，并且质量也是能够得到保证的。卡丽，这是个严重的问题！"

"真是忘恩负义，"卡丽想，"好！你来管，我倒想歇歇呢！"她和老板争论了一番，坚持认为这项任务本来就是不可能按时完成的，客户方又很懒，这么看来她的进度已经很迅速了。卡丽同意与客户方团队见面，听听他们所关心的问题，并在项目接下来的进程中让他们起主导作用。卡丽的老板虽然又给了卡丽一次机会，但他心里很不痛快。他怀疑卡丽是否真正地接受了战略伙伴有限公司的咨询方式。

在上一章中，我们描述了团队的结构化决策流程如何避免了责任病毒的出现。在确保不违反只赢不输、保持控制、避免尴尬和保持理智这几个主导价值观方面，这个工具还是比较成功的。

有时候，就像卡丽的例子，采取保护措施已经太晚了，我们已经感染了责任病毒。误解和互不信任已经破坏了合作，我们决策流程的情况也极为糟糕。这时我们需要框架试验，这是一个对抗病毒、修补关系的工具。

责任病毒全面发作

卡丽的"对抗"反应和客户团队的"逃跑"反应，都是出于害怕失败和担心违背主导价值观。现在你对这种情况应该已经很熟悉了。

在卡丽的例子中，当问题处于萌芽状态时，卡丽害怕失败、害怕失去控制权，害怕会使她尴尬、丢面子。当这种害怕达到某种程度的时候，她的本能反应就占了上风。此时她的行动就不是完全理性或者合理的了，当然也不会是最佳的。

按照卡丽对当时形势的理解，她不得不先发制人进行"对抗"，单方面地取得控制权，因为客户方团队没有给她任何其他选择。通过责备他们，她获得了一种胜利的感觉，但这无关实际结果如何。既然她选择了对抗，她就必须要保持控制权。由于她只是单方面行事，并且不做任何讨论，所以她避免了"直接告诉客户方成员，他们的无能才是问题的根源"这样一种尴尬局面。单方面采取行动还有利于卡丽避免与客户方成员讨论为什么自己没能按照自己公司的传统行事，这种讨论同样会很尴尬。最后，尽管其实是情感控制了理智，她还是对自己、自己的团队以及客户做出了合理的解释，说明为什么这样的改变才是"最佳的"。

同样，害怕失败的客户方团队成员做出了"逃跑"的反应。卡丽掌握了控制权，而他们就往后退，把门槛放得很低以确保成功，承担范围较窄又容易完成的任务以便保持控制，并且避免表现出他们无力承担以前的那些任务。通过单方面的后退，同时避免对卡丽调整工作计划的做法提出质疑，他们也避免了关于决定撤出的令人尴尬的对话。除此之外，卡丽掌握了控制权，所以她就要对项目的成功负责，这也让他们倍感到轻松。通过他们这样的推理，他们认为除了表示同意之外，也没有什么更合理的选择了。

他们单方面决定退出，实际上使卡丽处于承担过多责任的位置上，而反过来，这又使卡丽更加相信她认为客户方团队的能力很差的观点是正确的。然而，当她承担的责任过多，最终导致失败的时候，卡丽的对抗战略彻底失败了，她也不得不选择逃跑，以避免失败给她带来的羞辱。

对我们的框架的反思

责任病毒使得双方认为，对方成员越来越极端或越来越消极。如果我方要遵循我们的主导价值观的话，对方就必定会表现出一些特定的在我们看来是消极表现的特征。卡丽认为，客户方团队成员越来越懒、没有诚意，并且让人看不起。客户方成员又认为，卡丽不断加强控制和压制别人，并且尖酸刻薄。

这些消极特征与我们的世界观是一脉相承的，在我们的交流中会自觉或不自觉地带出来。这种思维结构引导我们在具体环境中选择加工数据的方式。这种构架事实方式的几个关键部分是：

（1）对手头任务的看法。

（2）对自己与任务相关方面能力的看法。

（3）对他人与任务相关方面能力的看法。

在卡丽的这个案例中，一开始问题出现之后，她就认为她的任务是要控制项目。在这种思维结构中，她认为自己是唯一的希望，是唯一能够发现问题并找出解决方案的人。客户方团队成员只能消极地接受她的观点，并对她的洞察力感恩戴德。

这样的一个知识结构通常被称为框架。它是一种看待当前情况的方式，即一种将随机的信息收集转化为对当前困境的认识的方式。人们看待框架的视角形形色色，同时还给它起了各种不同的名字，如脚本[1]、比喻[2]和认知偏见[3]。比如，我们准备参加股东大会时，可能就像是角斗士走向竞技场那样斗志昂扬，准备竭尽全力打倒对手。我们也可能把婚礼当成一场交易，小心翼翼地制定婚前协议，定出收益与损失的上下限。我们还可能会把 MBA 课程当作一种消遣，同时也期望能够得到一些信息和知识，并将其逐渐地渗入到我们的思维中去。

框架是理解世界的一种方法，也是约束我们的困境以及后续思考和行动的一种方式。但是这些框架却具有特殊的力量，因为尽管它们反映在我们的日常语言中，并且我们任由它们影响自身对各种事件的感知，但我们并不会有意识地去掌握它们。[4] 当我们的确是有意识地注意它们时，它们也不是那么好"对付"的。因为我们有一种根深蒂固的倾向，常常忽略与我们认为正确的理论和模型相悖的事实。[5]

鉴于以上原因，我们被框架束缚住了：只有我们愿意将自身最深层的直觉和假设公之于众，并且愿意接受其他人的反驳的时候（通常我们都不愿意受这个苦）[6]，我们才能摆脱它们。正因为如此，我们往往坚持自己的框架和模型，甚至是在它们不再有用的时候。出于这一原因，我们要采取补救措施来抵御责任病毒，就必须要考虑到带来这种病毒的框架，并对其做出改变，即使这会让我们感到恐慌和痛苦。

我们的框架源于主导价值观，主导价值观给我们带来一成不变、影响工作效率提高的框架。正是这种框架告诉我们如何看待这个世界。占主导地位的框架受主导价值观的推动，如图 8-1 所示。

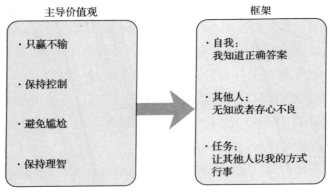

图 8-1　主导框架

主导价值观中的只赢不输原则，让我们以为自己知道了问题的正确答案，并认为其他人对此一无所知。更坏的是，我们还可能认为其他人妨碍了成功，或者是有什么不好的念头。保持控制让我们总是希望其他人都按照我们的观点来工作。避免尴尬和保持理智总是让我们以一种单方面的框架行事，而这减少了有意义的相互探讨。

然而，我们每个人都对我们与别人以及整个世界的关系有一定的想法，这使我们创建自己的框架，以自己的方式保护我们的主导价值观。这就像是足迹一般。例如：清教徒式的成长环境使有些人不仅认为自己是知道正确答案的人，还会认为只有自己才能诚实地面对这一答案。框架中的其他人看上去好像不仅仅是无知的，而且更是心怀不轨的。这样你就会努力让别人用与你相同的眼光来看问题，并以为这就是唯一正确、诚实和道德的眼光。而那些从街上找来随意的人也都认为自己知道正确答案，因为他们能够看出一场似乎是正经八百的谈判背后的勾勾搭搭、钩心斗角，而其他人只是将谈判天真地视为对合同条款的讨价还价而已。他们的任务就是要保证"这些天真的傻瓜"不要由于对所发生的事情全然不知而把事情搞砸。

回到卡丽的例子上面来，卡丽认为自己是一个工作努力、值得信赖的顾问。她出身平凡，通过辛勤的工作和比其他人更加注意提高自己的工作技能才走上了成功之路。这就是她的足迹，在最初的计划会议中，我们能感觉到这一点。卡丽希望确保她的设计能够获得成功，因为她毕竟是客户方雇用来的经验丰富的顾问。客户方希望她能解决问题，她也为制订完善的工作计划而不少下功夫。是的，她会合作，但是这并不意味着在计划会议上每个人都可以胡言乱语——毕竟，别忘了"我知道正确答案"。

客户方也有一个框架，而且是一个很奇怪的框架。客户方团队成员很清楚自己能做什么不能做什么，他们也确信卡丽对此一无所知。但是他们却什么也不说，就等着卡丽栽了跟头以后自己明白过来。

第一阶段结束后，卡丽对失败的恐惧越来越严重，她的思想框架的结构仍然和以前一样，只是变得更消极、更令人不快。现在她觉得自己绝对是正确的，客户方团队成员不仅仅是无知的，而且根本就存心不良。卡丽还把框架扩展得更大，进一步认为他们很懒、没有诚意，并且想让她的生活陷入困境。她认为她必须让这些人合作，否则他们就会毁掉这个项目，并且会危及她的事业。

类似地，随着卡丽的这一框架变得越来越恶劣，客户方团队成员的框架也是如此。他们认为卡丽无知、意图不轨。她自行其是，对他们不感兴趣，没有同情心，总之不是什么好人。

随着责任病毒进一步扩散，框架也变得充满敌意，改变着人们对每个参与者的每个举动的看法。人们的推论方式变得越来越自主自发。任何新的数据都是以与现有框架的形式相一致的方式来解释的。任何不一致的数据都被忽视，或者是被视为无效或没有代表性而不予理会。这样，框架就被自动地加强了。令人悲哀的是，已经没有办法可以证明情况并非如此了。这是因为，所有潜在的能够证明情况并非如此的数据都被忽视或者未加理会。框架已经与反面意见完全隔离了。

一旦框架完全确定了之后，它就会推进责任病毒向着逻辑的极限发展。双方会承担起更多的责任或者进一步逃避责任，至于具体采取哪一种做法要看双方分别处于什么样的立场，是主导地位还是被动地位。到了客户方总裁和卡丽的老板会见的时候，卡丽认为客户方团队成员完完全全是无能而又心怀叵测的，客户方团队成员则认为卡丽控制欲过强、自私而又心胸狭窄。

在各个案例中，包括 *Wapshot* 的麦克和卡罗琳，国际发展局的皮埃尔和哈基姆，怀特杰弗里公司的德怀特和哈里，STG 公司的纳德和迪克，框架都在责任病毒的控制下，变得愈加与事实不相吻合。双方几乎是不可避免地在承担过多责任或者逃避责任的泥潭中越陷越深。在所有案例中，自我封闭且具有破坏性的框架使情况越变越糟，直至酿成危机。

框架试验的应用

用于打破这样一个自我封闭的圆环的工具就是框架试验。这是由行动设计顾问公司的创始人黛安娜·史密斯发明的。[7] 它与结构化决策流程不同，结构化决策流程是用来避免双方遇到麻烦的，而框架试验是一种帮助你进行恢复的补救工具。

框架试验并不是试图一下子消灭所有的责任病毒。它能用来制止框架的自我封闭的恶性循环，并为良性循环的形成提供机会。在框架试验中，我要求每个人都采用一种更具建设性的框架。

在现有框架中，每个人都认为"我知道正确答案"，而其他人则对此一无所知，并且试图让其他人都按照"我的方式"来执行手头的任务。最初，人人都倾向于极力地否认这一框架代表了他们的思想，因为这样的框架显而易见是不好的。然而，当参与者越是对这一点进行思考，他们就越来越意识到其实事实恰恰如此。也许这看上去不是很好，但是却是正确的。更重要的是，他们看到了他们所走出的每一步都是直接受到框架影响的（见图 8-2）。

在框架试验中，我和一个人合作来建立一种在"自我"方面不同的框架。其中的不同之处产生了很大的积极变化。自我框架从"我知道正确答案"变化为"我有一种很重要的观点"。通过对这一判断的小小改变，我们就为这样一种想法打开了一条门缝："我"并非全知全能。事实上，改变后的框架并不认为"我"正在遗漏任何事，它仅将此作为一种可能性来加以考虑。

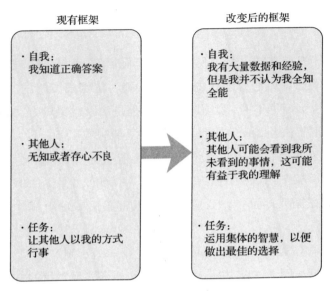

图 8-2　框架试验

　　为什么这如此重要呢？因为它激发了好奇心。如果只是相信"我知道正确答案"，那么就没有进行更深一步理解的必要了。如果没有好奇心，我们就会认为其他人的观点都没有意义，其他人也没有利用价值。正如在卡丽的眼里，客户方团队就变成了"寄生虫"。如果持有"我可能并不完全了解"的态度，我们就会对未知领域存有兴趣，并且认为别人的看法也许还有几分道理。

　　通过类似的方式，别人的框架重构也为你打开了一条门缝。别人可能会看到你所未看到的东西，而这有可能会有益于你的理解。这才是一个合适的立场。其他人可能并没有什么可补充的，但是这种可能性确实存在。我们所收集的数据和推理方式可能不同，正是由于这种不同，他们或许能对你有所助益。

　　为什么这种机会很重要呢？因为它鼓励你询问其他人的观

点。这就促使每个人都承担起责任，而不是将责任推向一边。

最后，手头的任务也是变化的，在这个案例中变化的幅度还很大。任务从劝说他人改变想法变为运用集体的智慧。这就是说，同时运用自己与他人的数据，并同时利用双方的推理能力。然而，改变后的任务并不就会认为另一方所做出的贡献都是有用的。它只是认为对方的数据和推理可能对自己有所帮助。

这一变化很重要，因为它使得其他人参与到手头的任务中来，而不是让他们感觉受到排挤或者被支配。它承认双方都会做出重要的贡献。尽管这不是必然的，也是很有可能的。

要自己执行改变后的框架可不是一件容易的事，而且因为它还不是很明确，在主导价值观方面它会引起一些紧张感。改变后的框架并不完全遵循只赢不输的原则，并且承认对方可能做出贡献似乎也有损于保持控制的主导价值观，因此个人在应用框架试验的时候可能会感到别扭。不管怎么说，别扭也总比感到恐惧要好。由于可能会出现一些尴尬的局面，当我们采用框架试验的时候，我会要求大家先在一次特定的交流中试一试，而且事先要做好计划。

在进行的过程中，最好慢慢来，而不要过于冒进。通过将框架试验的范围限制在一次交流中，我可以把令人不安的程度降低很多。如果一个人感到他们面临失败、失去控制，或者在冒着遇到尴尬局面的风险，他们可以在一次交流之后放弃试验，并回归他们原来的做法。

在预先计划好的交流中进行试验，会使每个人在进入正式谈话之前，能够有充分的时间全面地应用改变后的框架。他们能够想好改变后的框架的各个方面，并针对对方的情况加以调整。这就是说：鲍勃可能看到了我所没看到的事情。鲍勃的洞察力可能会有助于我对情况的理解。我和鲍勃一起，可能会得出一个比我自己得出的答案更好的答案。

尽管有种种准备工作，但有一种典型的恐惧还是存在的。鉴于只赢不输的原则已经根深蒂固，每个人还是怕对方会将框架视为一种软弱的信号，并且会借助这一信号来对付自己。因此，我又想出了一个办法。

我要求他只在交互的最初 5 分钟测试一下框架试验。如果在 5 分钟之后，他发现他已经感到自己有麻烦或者感到不舒服了，那么他就可以回到他的老框架上去。

一般来说，他们都会觉得这是一个可以接受的折中方法。框架试验仅仅要求他们在 5 分钟的时间里把大门打开一条缝。许多人都怀疑其他人会利用这个机会做出对自己不利的行动，最终会证明自己最初的框架是正确的。由于我要求的很少，他们也都能顺应我。

然而，当他们做这一试验的时候，通常会出现一件令人惊奇的事，另一方并没有趁机占便宜。他们会受到我的试验者的公开和合作的行为的鼓舞。另一方确实会看到我的试验者所没有看到或者没有理解的情况，并且这些也确实有利于我们的理解。在大家的共同努力下，我们也的确得出了一个更好的答案。我的试验者发现新的框架会在交流的过程中逐渐变得习惯成自然。事实上，他们发现老的框架越来越不合适了。最终，他们通常会想，以前到底是中了什么邪，竟然不把这样富于智慧、这样有用的人放在眼里。

所有这些都再一次表明，要跳好探戈只有一个人是不行的，还是需要两个人的配合。这也符合责任的静态守恒定理。只要一方决定不要抓住控制权不放或者退回到被动的地位，另一方就会准备进行一次真正的对话。这会是一个很有吸引力的邀请。试验者并没有攫取或者放弃责任而表现出活力，所以另一方也没有必要采取极端的立场。这并没有对主导价值观造成明显的威胁。因此，也就没有必要或者机会来占别人的便宜了。

参与者通常对框架试验抱有很高的热情。经常有人参加了最初的框架试验之后，宣称这真是他们职业生涯中最好的一次会议。相互学习的层次和思考的质量，以及他们的合作伙伴所表现出的新的智慧，所有这一切都那么的美好。

试验者看到相互关系中的恶性循环终于停止，并逐渐转化为一种信任、理解和互利的良性循环，感到无比兴奋。体验过框架试验的人都希望能扩展这一试验的范围。当然，他们进入下一次会谈的时候，也都会采用改变后的框架。由于双方也能够在会谈期间一起有效地、充满智慧地工作，会后也就很自然地分担起责任。

我的框架试验一向是极为成功的。效果不出色的情况很少，而且从来没有过彻底失败而使情形变得更糟的情况出现。良好的结果给每个人带来了足够的勇气，使他们能够在其他会议中、与其他人的关系中扩展试验。随着每次试验的进行，他们的信心也逐渐增长了，针对责任病毒采取补救措施的能力也提高了。

|第9章|

THE RESPONSIBILITY VIRUS

责任阶梯

在 1996 年早期，我也在力图避免责任病毒的侵扰。一年半之前，我被任命为咨询公司的 COO。该公司在全球有 30 个办事处，大约 1000 名全职员工。我身上的责任重大。我也知道如果再不做出任何调整的话，我就快支撑不住了。我注意到，在我的同事中存在着逃避责任的情况，这使得客户方的高级管理人员很不满。更糟糕的是，我却逐步承担起过多的责任，许多的企业领导就是因而失败的。

"我们在应收账款方面出了一个大问题。"我听财务主管布伦达这样说。之后，她想听听我有什么行动建议，于是与人为善的我就给了她建议，结果是我对这些问题承担起了全部责任。

IT 部门的主管萨姆，则更有艺术性，他一开始显得很负责任。他说："罗杰，我们的全球语音数据网络存在着安全问题。我建议我们要尽快再雇一个全职人员进来。但是我们的预算又不允许这样做。那到底还要不要招人呢？"最初我想："太好了。他既提出安全问题，又提出解决方案——招人。"然而，在仔细地考虑之后，我意识到问题不在于他所负责的网络安全问题，而是预算的平衡问题。这个问题他又推给我了。

也有一些问题走向另一个极端。咨询服务部的主管弗兰克要采取单方面的措施，他明着是向我汇报，其实是想使我让步。他先斩后奏单方面取消了年终的员工奖励计划。这个年终奖励很得人心，而他所提出的取消奖励的所谓理由，在我听来根本就不算理由。

萨姆和布伦达在逃避责任，弗兰克承担的责任太多了，而管理团队的其他成员都对自己该承担怎样的责任犹豫不定。我注意到其实某种程度上我自己也有这样的情况，这就暗中鼓励了这一行为。我有的时候单方面认为某位经理没有能力完成某项任务，于是就亲自接手，或者如果我认为他们能行，就把工作交给他们，自己放手不管了。我发现我自己的工作量实在是太大了。但是我及时地意识到这一点，如果我还不对自己和手下的经理们的做法进行调整的话，公司早晚会垮掉的。

我集合起我的团队，对如何分配责任进行了讨论。我们最初的想法是制定一个协议，把我和管理团队分别应当承担哪些责任全都写下来。然而，这一方法在以下两个方面出现了问题。

一方面，并非所有的问题都是相似的，因此无法实行一成不变的责任划分。对于关系到公司整体政策的一些棘手问题，我还是要多承担一些责任；而对于某位经理管理范围内的一些简单问题，我就不能再承担那么多的责任了。

另一方面，每个经理都处在不同的个人发展阶段。有经验的经理人所能够承担的解决问题的责任，就比那些还有待进一步提高的经理人要多。

固定的规则在这两个方面多少有些欠缺，相反地，我们开发了责任阶梯这一工具。它是一种很灵活的工具，可以用来组织对话，促进问题的解决，而不是直接规定对话的结果。在协调工作关系的时候，责任阶梯是我们最重要的一种管理工具。

结构化决策流程是一个流程工具，框架试验是一个补救工具，责任阶梯则是提高决策能力的一种发展工具。它是将对话加以结构化的一种方式，目的是要达到一种合理的责任分配，从而帮助我们提高对责任病毒的免疫能力。

为什么要改变责任分配的对话结构

责任病毒的中心，就是关于责任分配决定的会谈不能起到好的作用，而且事实上一般来说，人们根本不会就此进行会谈。只赢不输、保持控制、避免尴尬和保持理智这几条主导价值观引发出这样的一种框架：我是对的，他们是错的，我的任务就是让他们改正过来。

这些价值观和框架设置了一种情境，这一情境使得会谈变得更加困难、让人感到不舒服，并且还带来了造成尴尬局面的可能性。自我保护和使担忧最小化的解决方法，看上去好像是进行了真实的对话，实际上却是耍一些小花样，其实目的是要维持那种良好的自我感觉。

责任对话的目的不应该是决定由谁来负责，而是应该对责任进行分配，从而使得分配给各方的责任都与他们的能力相符。这是能充分利用每个人的决策能力的唯一方法。

这些对话还应该建立起发自内心的参与感和责任感。最终，还要使相关的各方都能产生一种为了集体的总目标而通力合作，相互支持的意愿。

这样的对话需要一种更复杂的语言系统。这不仅仅是"我说了算"还是"你说了算"的问题，而是包含着一个更加详细的责任水平的划分。只有通过这种渐变的划分，我们才能更有效地进行协商，把任务分解开来。

为了与责任水平的细致划分相适应，还需要增加很多词汇来表达其中的微妙差别。"我说了算"或者是"你说了算"这种极端词汇，限制了选择的余地，我们如果不这样就要那样，而这常常会导致痛苦的失败。

责任阶梯的内涵

责任阶梯的语言包含 6 个等级，每个等级表示一种我们在问题解决过程中可能扮演的角色。当然，描述承担责任的等级可以有很多种方法，但就我的经验来说，这 6 个等级非常关键，大多数人在大多数情况下都会选择其中之一。因此，阶梯的各个横框代表着决策责任的从低到高的自然断点（见图 9-1）。

在阶梯的最低一层，等级 6，不承担任何责任，通常是将问题推给别人即自己的上级。我们都曾经历过这种情况，一个下属跑来告诉我们说大事不好了，然后他们就站在那里，瞪着眼睛等我们做决定，自己一点忙也不帮。这从来都不会是一个合适的责任等级。的确，如果我的小狗又在地毯上"画地图"了，我宁可让我那 11 岁的孩子叫我来处理，而不会希望他自己去清理；可是我却不希望我的 CFO 告诉我应收账款出问题了，等着我来解决，大人和小孩子可不一样。

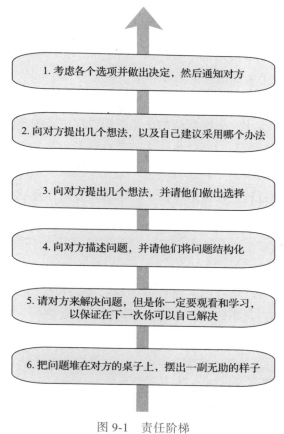

图 9-1 责任阶梯

1. 考虑各个选项并做出决定，然后通知对方

2. 向对方提出几个想法，以及自己建议采用哪个办法

3. 向对方提出几个想法，并请他们做出选择

4. 向对方描述问题，并请他们将问题结构化

5. 请对方来解决问题，但是你一定要观看和学习，以保证在下一次你可以自己解决

6. 把问题堆在对方的桌子上，摆出一副无助的样子

等级 5 和等级 6 很相似，但是有一点很重要的不同之处：你明确表示请对方来处理问题，你会跟着学，以便下一次遇到类似的情况可以自己解决。这就表示你承担了一定的责任，虽然真正

的应用是下一次的事情了。这种情况使对方相信，下一次他们就不必承担全部的责任了。这表明你有意愿和兴趣提高自己的决策能力，将来会分担更多的困难。

这个小小的信号能够帮助我们避开责任病毒的影响。接收方的人更有可能会解释他解决问题的思路，并希望未来出现类似的情况时，你能够沿用他的思路。一般来说，他们对采取等级5立场的人比对采取等级6的人要尊重一些。

在等级4，你可能会请求对方帮助把问题或任务加以结构化，整理出一个头绪来。问题结构化是决策过程中最抽象的方面，因此也是最困难的。问题的关键在于怎样思考手头的想法。在结构化决策流程的语言中，这就是将一个定义模糊不清的问题转变为互斥选择的过程。在这一等级上，你给对方的信号就是你并不希望对方接手或者做出决策，相反，你是希望对方来领导结构化的过程，同时你也参与进来。这一等级也表现出一种希望合作的意愿，而不是撒手不管。

在等级3，你自己承担着将选择结构化和提出想法的责任，但还是觉得自己不能在各个想法中挑出一个最好的。从老板的观点来说，这一责任等级更具支持性。在这一等级，下属会说："我注意到一个问题，我想过了，我认为在处理方法上有四种想法可行。你认为怎么样？"众所周知，这比仅仅说"我注意到一个问题，你打算怎么办"要好多了。

在等级2，你感到自己能够分析各种想法，并且能够向对方建议哪一个比较合适。在这一等级，你对自己的决策能力还不是很自信，还不大敢面对决策的后果，但是已经不满足于仅仅是罗列各种想法，而敢于建议采用哪个想法。在等级2，你承担了大部分的决策责任，虽然最终拍板的责任还是对方（很可能就是老板）来承担。等级 2 的人可能虽然是我们的下属，但是我们通常会把他们视为自己的同事。

在等级 1，你自己单方面运作，自己进行选择的结构化、产生想法、分析并做出最终的决策。你与对方唯一的交流就是将你做出的决策通知对方。在上下级的关系中，如果下级总能够在等级 1 不断地成功运作，那就意味着这个下属不应该再成为下属了。这样的提升不仅拓展了下级的能力，还给他的上级腾出了更多的时间来管理别人。

其实几乎在每一次的共同决策过程中，都有从等级 1 到等级 6 的各种操作方式，但不幸的是，在大多数情况下，我们总是要么承担等级 1，要么承担等级 6 的责任。

等级 1 是个人英雄主义的领导方式的传统定义。它高呼"我说了算"，言外之意"你最好走开"。

等级 6 警告其他人赶紧想办法，否则就无法做出任何决策，而且问题只会变得越来越糟，而不会更好。

在大多数情况下，无论是等级 1 还是等级 6 都不能准确地与我们的真实能力相匹配。这一差异会把对方和我们导入一种"要么承担过多责任，要么逃避责任"的循环中。任何一个信号都可能会引发责任病毒。

等级 1 和等级 6 还要求尽可能少地进行交流，尽可能少地建立关系。这些等级的运作加强了消极框架，使得责任病毒更容易产生，并且破坏了合作的意愿。

通过对比，承担等级 2～5 的责任使得双方都能够同心协力，从而有助于建立合作关系，培养积极框架，而且也增强了对付责任病毒的免疫能力。

多数情况下我们都希望处于等级 2～5，但是用目前的关于责任的语言，就连讨论这样一个分级也是很难的。事实上，"授权"这一语言通常暗示着鼓励那些相关能力不足、实际经验欠缺的个人和团体去承担等级 1 的责任。一些"得到授权的"人很聪明，他们能意识到自己还没有准备好掌管大权。不幸的是，这常常让他们相信鼓励授权的老板不是没有诚意就是没有能力，或二者都没有。

责任阶梯的应用

责任阶梯提供了必要的语言和结构，有助于我们在中间的几个等级上达成一致，让管理者和下属能够真正地分担起解决问题的任务。这使他们能够站到等级 2～5 的阶梯上，从而确保分配的责任与能力更加吻合。这还能给参与者提供一个责任的水平基准，让他们能够记录下自己能力提高的进度，给他们的个人发展提供支持。

如果能有预见性地对其加以应用，责任阶梯有利于友好对话的展开，从而随着一个人能力的提高，对他所承担的责任加以精确调整。同时，这还有助于克服一些在下属承担责任时常见的问题。

通常，当下属们要承担一些新的责任的时候，他们会感到紧张，他们会面临一种左右为难的局面。他们可能会：1）掩饰住紧张情绪并接受任务，努力投入工作但是可能会失败；或者2）承认自己紧张，被别人视为没有能力的人，并被排挤到一边去。如果他们想让麻烦来得晚一点，他们就很有可能选择前者。如果他们想表现出自己的紧张，并希望别人帮他们做出决定，他们就可能会选择后者。下属们害怕他们的上司可能正处在一触即发的状态，任何退缩都可能会导致他们的老板收回责任。他们这样想也并非全无道理。

责任阶梯使老板能够提供一个等级菜单，而避免了让下属面对极端的局面。这样一个清楚的范围的存在使下属感到舒服一些，他认为自己不需要掩饰或者表达出紧张情绪。它还为具体地讨论这些感觉提供了一个有用的情境。

让下属感觉舒服一点可不是一件小事情，即使仅仅是让他们来参与这样的对话，他们也要压制住自己的主导价值观才行。这样的交流使下属承担起与其能力相一致的责任，而上司则会更有信心，也能平衡好自己的责任水平。

责任阶梯还可以回顾以往的情况，探究失败的原因并从中得到借鉴，而不是陷入破坏性的相互指责之中。各方不是陷入失败的痛苦中不能自拔，而是探究他们所接受的责任等级是什么样的，以及为什么这样的责任分配会出问题。这样，他们就能够避免因为失败而变得怨天尤人或者独来独往，这都是失败经常会造成的后果。独来独往是不能够提高能力的。责任阶梯并不是成长的基准，它只是为建设性的谈话提供情境，以便讨论如何进行准确的调整，从而避免将来的失败。

提高决策能力和承担更多的责任，应该是我们每个人的目标。能力通常不会一下子突飞猛进，但是能够或快或慢地逐步增强，我们的责任也应该这样同步加重。责任阶梯为个人发展提供了一个很有用的工具，并能够用来替代现有的领导用语，因为现有的用语说到分配新的责任时，不是"全都给你"，就是"一点也不给你"。

在一种不连续的责任分配中，上司会做出一种二元的决定，下属或者是"能够应付"，或者是"还不行"。这样的说法无法使得下属循序渐进地承担责任。下属不是很长时间都被认为还不行，也从来没有过合适的学习机会，就是突然有一天上面觉得他们"能够应付"了，他们一下子就要承担起比以前重得多的责任。

由于大多数组织都对工作有严格的界定，所以员工们通常在他们现有岗位上待很长一段时间，现有能力一直没能得到发展，然后突然让他们进入另一个他们还没有准备好的责任等级中，结果就是我们中的大多数人或者在处理自己能力以下的任务，或者是被超出自己能力之外的责任吓坏了。这一摇摆不定减缓了我们成长的速度，而我们自己可能都还没有意识到。

责任阶梯帮助我们理解了随着时间的推移，我们的责任也在增加。这不仅减少了责任病毒的产生，而且也加快了个人发展的脚步。责任阶梯所提供的一次一小步的方式使我们能够循序渐进，减少了承担过多责任或逃避责任的情况的出现。这种方式还给我们提供了衡量我们的进步的基准。当我们看到自己可以承担起某一等级的责任的时候，就可以向更高一级进军了。这样一个逐渐的进步会定期给我们以鼓励，同时也减少了我们对失败的恐惧。

责任阶梯还使我们能够进行更多详细的、复杂的谈话，这些谈话能够帮助我们划分任务类型和承担合适的责任。通常我们在某项工作上的进步，都会反映到在责任阶梯上位置的攀升。这就是说，原本可能是处在等级 3 的位置上，而现在可以承担等级 2 的责任了。但不同的任务在难度上是不同的。

对于我们每个人来说，等级 5 可能比较适合一些复杂的工作，这些工作通常需要我们的上司给我们一些帮助；对于一些我们已经有了一定经验的工作，等级 1 可能会更加合适。在职位描述或者非正式谈话中，这些差别可能并不会显现出来，但是在责任阶梯中却一目了然。这就允许我们的上司能够有针对性地给下属提供帮助，帮助他们提高那些再上一级台阶时所需要的技能。

如果在一起工作的团队成员能定期地公开使用责任阶梯，那么你就会发现这是一个很有效的工具。无论何时，只要是为了进行决策而分配责任，团队都要采用责任阶梯这一机制来分配任务。各个成员的目标应该是要逐渐向阶梯的更高一级攀升。在这个过程中，他们的同事应该给他们提供帮助。对话不需要太长的时间。事实上，团队通过这种会谈来分配角色和任务的速度更快，效率更高。

当我身为 COO 的时候，责任阶梯帮助我提高了管理团队成员的工作效率，并改善了我和他们之间的关系。例如：它帮助我改善了我和布伦达的关系。布伦达通常会掩饰住紧张情绪并接受她本不应该接受的任务，她的最终失败打击了我对她的信心，这使得我给她的责任越来越少。是责任阶梯帮助我们进行了对话，我们有效地共同承担起了责任。对话还帮助她得到了管理团队中其他成员的帮助。

通过以回顾的形式应用责任阶梯，我和弗兰克的关系得到了缓解。弗兰克曾由于错误地承担了等级 1 的责任，而使我们之间的关系变得紧张。责任阶梯使我们冷静地对失败进行了分析，从而创建了一个在弗兰克采取单方面行动之前进行建设性谈话的机制。

萨姆，IT 部门的主管，知道了自己似乎是很负责任的做法，其实在我看来是等级 6 的做法，例如他告诉我数据安全有问题，并在明知预算不足的情况下向我建议另外雇人以解决问题。我们能够通过谈话来给萨姆提供更加艰巨的任务，使他承担起高一级的责任。至于数据安全问题，萨姆完全可以建议在不增加总支出金额的前提下对预算进行调整。这完全在他的能力之内，却已经是等级 2 的责任分配了。

我们还形成了一种缩略语表达方法，萨姆可以用一句话来开始我们的谈话："我认为这是等级 2 的情况。"这种技巧大大地提高了关于解决问题的谈话的速度和效率，同时还能使我很快地调整好思维，而不用猜测这样的谈话又会把我们领到什么地方去。在谈话结束的时候，我们还能反思萨姆最初的想法，他一开始的目标是太高了还是太低了？是什么导致他这么做的？我在他的选择中扮演了什么样的角色？

对于培训部主管莱司而言，责任阶梯帮助他克服了只承担比自己能力低一级的责任的习惯。也许是因为他早期的培训是在一个大的官僚主义盛行的组织中进行的，他很害怕承担过多责任而导致失败，宁可因为承担的责任水平过低而减缓自己的发展速度。在莱司完全能够自己做出决定的时候，他还是会问我某个想法行不行，或者他明明觉得某个想法不错，可自己就是不说，让我来挑。通过责任阶梯，我鼓励他对自己要自信一些，必要的时候还要冒一点小风险。为了提高自己的能力，他开始向更高一级迈进。同样重要的是，莱司帮助我理解了我应该做什么来在这方面帮他一把。

责任阶梯也帮助了德瑞，负责招聘的主管。她可能也是在工作中最称职的人，责任阶梯帮助她采取了最后必要的一步，让她能够独立行动。德瑞已经距离这一等级很近了，但是她并不真正理解应该怎样将达到独立状态所需采取的步骤概念化。责任阶梯帮助我们弄明白了她在哪些方面尚未达到等级1的标准，在这些方面我帮她共同分担工作，提高她的能力，增强她的信心。如果没有责任阶梯，我和德瑞进行这些对话可能就会有些困难，也不会这么容易就明确她在哪些方面还有待提高。

但是我很可能是从责任阶梯中受益最大的人。我不断地承担起更多的责任，同时也就是鼓励我的团队承担更少的责任，这注定会导致我的失败，团队也会变成我的一个大包袱。责任阶梯则使我与个人和团队分别进行谈话，从而将我的责任移交给其他管理成员。通过循序渐进的方法和责任阶梯基准，团队成员也都能够接受这样的转变。

由于这些等级都得到了精确的定义，我们才能够在责任问题上快速地做出决定。我们可以确定自己正在考虑的步骤属于哪个级别，对当前情况下责任级别的缩略语表达方式，也会很快地使双方站到同一战线上来。当我忙忙碌碌的时候，这种时间上的节省简直是太有价值了！

责任阶梯的另一个好处就是它重新构造了关于任务分配的想法。不再是某一位团队成员和我本人两方面分配责任，而是一种多边的分配。责任阶梯帮助我们将任务分配给最合适的人，这使得团队看上去更像是一个团队。最后，作为一名领导，我不会再感到孤独，也不会因为有一点点状况，就使自己陷入一种承担过多责任的境地。

尽管如此，当责任阶梯建立起来之时，我承担过多责任的时间已经太久了。在这一年年末，我也累坏了，辞去了COO的职务，重新做起了全职顾问。虽然如此，我还是学到了很有用的两课：如何管理自己的责任等级，以及如何帮助我的团队成员更上一层楼。

第 10 章

THE RESPONSIBILITY VIRUS

重新定义领导与追随

世界网络公司是一家全球电信巨头，其战略部门主管亨利今年 42 岁，比其他的执行副总裁年轻 10 岁左右。他每天坚持跑步，最讨厌的就是有事影响了早晨跑步锻炼。他工作起来就像跑步一样，又急又快，每天都有许多高级行政人员在他的办公室里进进出出。

在他事业的早期，亨利被认为是前途无量的，他一直承担着极具挑战性的工作。通过这些工作他也证实了自己确实是个多面手。他在销售上成绩显著，性格开朗、合群、风度翩翩，客户都很喜欢他。负责网络运营的时候，他使这个部门的面貌焕然一新，用他的聪明才智解决了许多复杂的技术问题。在市场方面，他采取了一种精密的分析方法进行市场细分并理解不同客户的需求。这样一来，他从根本上改变了世界网络公司对待客户的方法。他的下属都因为他昂扬乐观、充满干劲的精神以及他的人格魅力而热爱他。

公司现任 CEO 尼克将亨利视为自己的心腹，甚至亨利很有可能就是他的接班人。亨利生性平和，一副长者风范。亨利将战略部长的工作接过来之后，尼克与亨利谈到了亨利的职业发展。事实上，亨利希望成为一两个大型业务部门的总裁，这样有利于他日后晋升到最高管理层。但是亨利也知道，要是论资历的话确实还轮不到他。目前，这些岗位还是由那些年过半百的高级管理人员占据着。然而尼克解释说，他之所以决定让亨利来管理战略问题，就是以此来扩展亨利的视野，并且在让他觉得仍然充满挑战的同时，也不至于冷落另外两位年长而有经验的一线经理。从组织的角度而言，部长也是高级员工了，比业务部门总裁的位置只低一级，亨利知道他的机会迟早会来的。

这一精心设计的计划也有瑕疵。比尔，也就是那两位业务部门总裁之一，尽管工作非常努力，可还是给整个世界网络公司带来了麻烦。尼克将亨利叫进他的办公室就这一问题进行了一次谈话。

"这份工作对他来说太复杂了，"尼克不得不痛苦地承认这一点，"但是我真的不想开掉他。那样对企业不好。他是一个很好、很忠诚的人，而且也尽了自己的全部努力。我想让他再过几年就提前退休，希望到时候他不是灰溜溜地离开。我们现在就开始留心一下他这边的情况，好不好？帮助他解决一些复杂的问题，比如那些大联盟战略和整个的资金计划。别告诉他是我派你来的。但是如果他来找我谈有关你介入工作的问题，我会支持你的。也不要怕什么条条框框的，有我在！"

亨利毫不犹豫地开始了行动。他能看到尼克脸上痛苦的表情，并且希望自己能替他分忧。他也同意尼克对比尔的评价。每个人都知道比尔对现在的形势不是很了解，他来自那个"温和而且文雅"的商业时代，那时只要握手有力、西装漂亮、高尔夫球打得好，就可以算是个不错的高级管理人员了。在世界网络公司，对这一类型的人有一个共同的称呼：42 号，指的就是适合这些高级管理人员的西装尺寸。然而，比尔给世界网络公司带来的麻烦可真不小，让亨利的职工享有优先认股权的计划也遇到了困难。"除此之外，"亨利对自己说，"这还是一次真正的考验。只要我处理好这些问题，那么谁都能看得出我能够胜任比尔的职务了。"

亨利坐在比尔旁边，主动提出帮助他分担一些工作。比尔可不像亨利所想象的那么简单，其实就连 CEO 也小瞧他了。一个简简单单的"42 号"是不可能爬到他现在这个位置上的，这还需要政治手腕。比尔一下子就意识到了是尼克授意亨利这样做的。"我怎么能拒绝 CEO 的英明决策呢？"他想，"如果尼克认为我需要亨利的帮助，我最好同意这么做。事实上，我已经感觉好多了！"

不管是什么工作，亨利全都一把抓过来，拼命想要完成所有的工作。比尔不以为然，任由亨利做主，而自己则主要干一些比较容易的工作。他心里明白，亨利早晚会遇上麻烦的，但是他还是说服自己不要跟老板作对。

不久，亨利就发现他不仅要完成自己的工作，还要完成比尔的大部分工作，而做比尔的工作又没有得到公开授权，这个工作量远远超出了他的想象。比尔的任务可比看上去麻烦多了，要花费更多的精力才能完成。亨利马不停蹄地处理着一个接着一个的任务，但是情况还是变得越来越糟。亨利做事有始有终、可靠以及富于幽默感的口碑也受到了冲击，他也从来没有经历过这样的批评，结果他变得脾气暴躁、心情沮丧。

同时，比尔的同事和下属看到亨利承担了比尔应该做的工作，所以在他们眼里比尔也成了没用的人。他成了业务部门总裁的坏典型。人们开始问："为什么尼克要保住比尔呢？"

尼克一屁股坐在椅子上，叹了口气。他听到大家议论纷纷，不同意他的做法，大家不理解他为什么要保护比尔。除此之外，大家也纷纷抱怨亨利的表现和态度。他知道必须让比尔走人了，但是现在他开始怀疑是不是应该将亨利提升到比尔的位置上来。由于亨利的表现急剧下降，态度也有问题，他已经被尼克排除在接班人的行列之外了。

当前对领导的定义

目前我们对领导的定义的背后其实就是无处不在的主导价值观，而用于对责任进行讨论的词汇十分匮乏，这又使得责任病毒一波未平，一波又起。

我们相信一旦有问题出现的时候，领导者就会挺身而出控制局面，不管他是不是具备这样的能力。若追随者有一点点退缩，我们就会希望领导者来单方面地进行控制。我们希望他能承担大量的责任，来代替下属工作。

领导者就是大英雄，这一看法贯穿了我们的整个文化。这是一个很受欢迎的形象，因为在形势危急的时候，这样一个角色是很吸引人的，就像是掌舵的船长、急救室里抢救生命的医生一样。我们写关于他们的书，拍关于他们的电影，我们还授予他们勋章。

这种思维定式已经是人类思维的一部分，我们总是想给关键问题找出个简单的解释，而这些解释只能有一个原因。[1]如果有领导者来负责的话，我们就会认为他要对这一事件完全负责。如果原因只有一个，那么领导者也只能有一位。由于我们过分看重外科医生这个领导者，所以许多护士和助手、工程师和科学家的努力可能就没有得到应有的重视，而如果没有他们，手术也是根本不可能成功的。

亨利的例子就是这样。

老板说，比尔有麻烦并且威胁到了公司的整体利益，他需要帮助。于是亨利挺身而出，担当了英雄式领导者的角色。这并不会让人感到奇怪，因为他以前也担任过这样的角色，他觉得自己这样做是理所应当的，这样挺身而出很正常。

他的方式很特别，他是想要保住自己的主导价值观。他想要成功地完成任务（只赢不输），并以此向决定他下一次能否得到提升的老板表示出：他能够帮助比尔渡过难关，同时还能做好自己的本职工作。他想方设法要保持控制，而且并没有向其他人征求意见。最后，由于他想避免尴尬和保持理智，所以并没有找比尔谈话，以免这次任务伤害到这位比他年长的人。

事实上，亨利在一开始并没有问尼克，为什么他要让一个他完全信不过的人担任这样一个极为重要的职务。这样他就已经是在避免尴尬局面了。

如果亨利和比尔进行谈话，也告诉比尔他的任务是什么，那么比尔可能就会问亨利为什么接受这样一个任务，尼克的想法也太荒唐了。亨利很可能把自己不肯开诚布公地谈话归罪于比尔，说是因为他害怕讨论中出现尴尬的局面。可实际上是因为亨利自己害怕尴尬，才没有坦诚相见。

这表现出目前对领导的定义中的另一个暗含的关键点：领导者单方面承担责任，不容别人多嘴。每个人都明白是怎么回事，但是没有人愿意谈论。尼克不愿意，比尔不愿意，亨利也不愿意，世界网络公司的其他员工更不愿意……但是背地里都在谈论。

大家的沉默使得像亨利这样的英雄式领导者避免了尴尬。他们对自己说："这很有挑战性。我这是为了别人，而不是为了我自己。我不需要那些会引起尴尬的讨论。我有我的工作要做。我不需要别人的帮助，自己也能完成。"

根据我们目前对领导的定义，这么说好像没错，但其实则不然。亨利这么做不仅仅是为了尼克和整个公司的利益，同时也是为了自己的利益。但是如果把他为自己考虑的方面暴露出来，会破坏他的英雄形象。

英雄式领导者也会避免一些公开检验他的行为的谈话。内在的逻辑是："我现在是一个英雄。其他人都站在一旁，一副无助的样子。这是一个艰巨的任务。如果我做不到最好也没什么，因为作为一个英雄式领导者，我已经倾尽了全力。我干得好不好由我自己来评价，而不是由那些绵羊来评判。"

这种暗含的选择其实还是要保护主导价值观。在他们的脑海中，不管结果如何，领导者都会将其视为成功，并奖励他自己，由此来避免失败的尴尬。

因此，亨利所努力承担的领导角色，有以下 4 个特征：

（1）单方面分配责任。

（2）自己承担大部分责任。

（3）不容争辩地掌握住控制权。

（4）自己检查自己的表现。

当前对追随的定义

我们对追随的定义与我们对领导的定义恰恰相反，但同样是错的。没有人给追随者以勋章。他们完全平淡无奇的形象就是被动接受，不给领导惹麻烦，服从领导。领导者常被视为英雄，追随者常被视为失败者。从灵长类动物的社会结构，封建等级制度，贵族和佃户之间，随心所欲的牛仔和头脑不好使、满身是土的农民之间，直到今天我们自己，都更倾向于那些天不怕地不怕的家伙，而不是那些追求稳妥的人。

在世界网络公司，尽管比尔已经成为一个业务部门的领导者，他在内心深处还是一个传统的追随者。他不会阻碍亨利单方面做出的责任分配的决定。事实上，他很欢迎亨利的介入，鼓励了这种做法。看到亨利承担起大量的责任，比尔很高兴地闪到了一边，让亨利自己去努力挣扎。

比尔在责任让位上也表现得很配合，没有多嘴多舌，从而避免了尴尬局面。表面上是避免了让亨利尴尬，其实是避免他自己的尴尬。比尔没有与尼克或任何人谈起过亨利的责任越来越多、自己的责任越来越少的情况，并且他也和亨利一样，面对着日渐减少的责任范围，自己对自己的表现进行评估，而不是公开地让大家来检验。

通过这种完全是追随者的行为方式，比尔保住了自己的主导价值观。他想通过自己只负责少量的任务，而让亨利负责大量不好对付的任务的方式，来获得最终的胜利。比尔想通过将责任减少到他能单方面控制的范围来保持住控制。他还由于害怕尴尬而闭口不谈以上这些想法。

比尔的追随角色也表现出与亨利的领导角色相仿的 4 个方面：

（1）允许和鼓励对方单方面分配责任。

（2）放弃责任。

（3）放弃自己的责任而默不作声。

（4）自己检查自己的表现。

当前定义的后果

尽管他们采取了这些自我保护的方法，亨利和比尔以至于尼克，还是都没能达到他们的目标。相反，他们也不可避免地被责任病毒困扰。他们接受了那些对领导和追随的定义，并按照这些定义来规范自己的行为方式。

没有人最终能够避免尴尬局面的产生。相反，责任病毒还会带来大量的尴尬、无尽的耻辱。人们嘲笑比尔只不过是个空头的业务部门总裁。亨利则由于他试图掩盖自己在做比尔的工作的事实，以及未能完成自己的工作而受到嘲笑。甚至就连尼克也未能幸免，他想要保护比尔却最终失败的结局，也使他遭遇了巨大的尴尬。

无论是比尔还是亨利都损失惨重。比尔被解除了职务，干了一辈子，却落得这么个下场。亨利也换了个职位，一切都要"重新开始"了，而这几乎使他不可能再担任下一任 CEO。

他们都试图保护自己的主导价值观，而主导价值观实际上是将他们限制在目前还很不完善的领导和追随的定义中，因此他们没有能保护任何东西。最终，比尔和亨利都丧失了对局势的控制能力。最后，尼克不得不站出来掌控全局，他并没有与比尔和亨利商量就做出了定义。其实，因为这个领导和追随的定义而受到伤害的不仅仅是他们，还有间接的损害：尼克在压力下不得不提前退休，对于本来会是十分成功的职业生涯来说，这实在是一个令人伤心的结局。

这三个人都需要好好整理自己关于领导和追随的概念。当我们思考如何分担责任时，我们每个人也都需要整理这两个概念。

领导的新定义

所谓英雄式领导和书中、电影里的领导形象只会给我们带来责任病毒。如果要避免责任病毒的影响，我们就需要给领导重新下一个定义，过去的定义只能是给责任病毒助纣为虐（见图 10-1）。

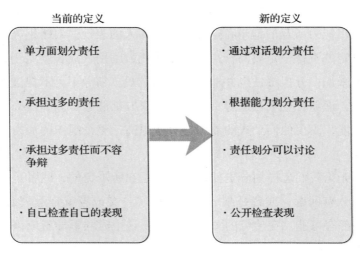

当前的定义

· 单方面划分责任

· 承担过多的责任

· 承担过多责任而不容争辩

· 自己检查自己的表现

新的定义

· 通过对话划分责任

· 根据能力划分责任

· 责任划分可以讨论

· 公开检查表现

图 10-1　领导的新定义

第一，领导不是心照不宣地单方面决定如何划分责任的人。相反，领导通过公开的对话来确定自己和别人的责任。这样做当然比较麻烦，而且还要有个限度，因为至少领导还要负责决定如何描述责任的问题，以及究竟采取哪种方式进行对话，这个责任是不可能也通过公开对话来划分的。

第二，领导不应该是"我说了算"的大英雄，而是应该想办法让自己和别人的能力与责任匹配起来。如果领导的能力很强，可能就会承担比较多的责任，但是责任不应该超过他自己的能力限度。如果手下的人能够很好地承担起某项工作，领导也可以少承担一些责任，自己腾出时间去做一些别的事情。

第三，领导应该把自己的想法说出来，听听大家对责任级别的划分有没有反对意见。这样，责任的划分就不再是不容争辩的暗箱操作了，而是公开的、完全可以自由讨论的了。

第四，领导所设定的标准还应该让人感到有难度，却又不会是超出能力所及的地步，这样才能提高人的表现。对于别人，领导设定的责任一定要高一点，这样才能鼓励别人成长。对于领导自己来说，分担责任也并非一个零和游戏。领导不再承担过多的责任，追随者也不再逃避责任，这样双方都能够检验和提高自己的技能，不仅他们个人的能力会有所提高，整个组织的能力也会增强。

无论我们怎样划分责任，失败也是在所难免的，或者是责任的划分有问题，或者是某一方面搞砸了，又或者就是运气太差，这些都有可能。在传统的领导定义中，这个时候领导就应该挺身而出力挽狂澜了。但是在新的定义中，此时领导要会同各方一起探讨各方分别应当承担什么样的责任，分担找出问题根源的责任，共同重新设定决策和责任。

我在这里所说的和当今的领导模式真可谓有天壤之别。

如果世界网络公司的尼克能够采取这个新的领导模式，他就不会背着比尔去找亨利。他应该开诚布公地找比尔谈话，告诉他自己对他的表现很担心，他会与比尔讨论在这个表现问题中，自己和对方分别应当承担什么样的责任，而不是用弦外之音把责任都归到比尔身上就算完事。尼克会和比尔一起重新划分责任，让他承担与自己能力相适应的工作。工作表现要由尼克和比尔共同来评定。此外，如果要采取什么纠正措施，也应该是大家共同行动。比如，亨利可以光明正大地公开介入进来，纠正问题，而不是偷偷摸摸地帮一把。

在这个案例中，散播责任病毒的主要责任在于尼克，他不该给亨利这样的秘密任务。但是亨利执行了尼克这个拙劣的计划，也难辞其咎。在这方面，亨利也是吃了盲目服从的亏。面对上级这个欠缺考虑的想法，比尔却只是默不作声地单方面退却，结果在最终失败的时候，他损失惨重。

追随的新定义

比尔的角色表明，我们也同样需要重新给追随下个新定义。当时业务出了问题，上面派个人来帮忙，帮忙的人工作积极性又很高，在这种情形下他确实很难进行领导，甚至很难有效地做好追随的工作，但他本可以更加有力地抵抗责任病毒的侵扰。

有效的追随者不是单方面地设定自己的责任水平，而是会与领导者进行对话讨论。在考虑什么样的责任水平比较合适的时候，我们会说出自己的想法，并且欢迎对方提出反对意见。在表现方面，我们设定的标准要能够对自己的能力提出更高的要求，同时接受大家的检查。

和领导者相比，追随者应该尽可能设定相对较高的责任标准。这样不但能防止领导者承担过多的责任，还能对我们自己提出更高的要求，拓展我们自己的能力。如果失败了，我们也不会单方面地退却、等待，不会暗示领导采取单方面行动。相反，我们要共同探讨各方分别应当为失败负起什么样的责任，共同为将来重新划定角色和责任。

我们必须让领导根据他自己的能力来设定责任水平。一方面，我们需要领导在对话和合作分配责任方面高标准、严要求；另一方面，我们又要求他在自己所承担的责任水平方面放低标准。对于领导我们不能冷眼旁观，而是要提供帮助和支持。

和领导一样，我们所面对的最大难题就是打破根深蒂固的主导价值观：只赢不输、保持控制、避免尴尬和保持理智。

如果我们不肯退却，反而迎上去承担更多的责任，我们就有可能会"输"，其中既包括未能完成分配给自己的任务，也包括在讨论中让别人占了上风。

通过共同讨论来确定自己的角色和责任，就意味着我们要放弃全面控制的做法，而进行共同控制。对此，大多数人会感到不太舒服。

我们允许别人来检查自己的表现，大家都能看到我们的失败，由此可能带来尴尬的局面。对于领导者来说，放弃主导价值观可能是最难的一件事情了，对于追随者其实也是如此。

　　不管是对领导还是对追随，新旧两种定义都恰成鲜明对照（见图 10-2）。

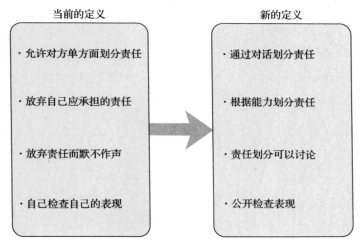

　　当前的定义　　　　　　　　　　新的定义

· 允许对方单方面划分责任　　　　· 通过对话划分责任

· 放弃自己应承担的责任　　　　　· 根据能力划分责任

· 放弃责任而默不作声　　　　　　· 责任划分可以讨论

· 自己检查自己的表现　　　　　　· 公开检查表现

图 10-2　追随的新定义

　　如果比尔能够采用新的追随定义，他就会鼓励亨利就责任划分展开对话，而不会被动接受亨利通过暗示的方式单方面做出的责任划分。他所建议的责任划分方式将能够避免亨利受到如此的挫折。这样他也能给自己提出比较高的要求。这样的讨论应当是公开的，允许在组织内部对讨论所产生的计划发表意见。最后，他们还会通过持续的共同公开评估来追踪整个进展情况，而不是自己进行检查。

对领导 / 追随的新定义的总结

　　如果你回过头去看看前面关于领导与追随的新定义，你就会发现它们其实是一样的（见图 10-3）。

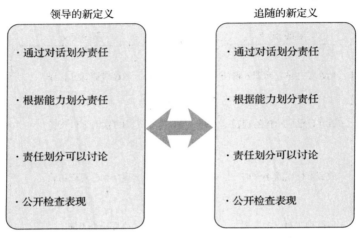

图 10-3　领导和追随的新定义

　　在过去，这两个定义是截然不同的，一方攫取责任，另一方则放弃责任，但是在新的定义中，它们合而为一。根据这个新的定义，领导和追随的工作是基本相同的，都是要进行对话，都要为结果负责。真正的区别在于对话流程结束后二者要承担的责任水平不同。如果领导的能力确实比较高，他也可以承担比较多的责任，但是领导承担责任的方式并没有根本的不同。

　　领导者和追随者绝不能草率而默不作声地单方面做出决定，然后就去各干各的。他们要密切联系，在对方身上多花一些时间和精力，促进相互的理解。新定义中包含了对话、理解与合作，加强了他们的力量。这方面和责任阶梯一样，也有恶性循环和良性循环，而且这两种循环的力量也非常强大。

　　初次采用这两个新定义的时候，无疑领导者会觉得自己很不像个领导的样子，而追随者也会被追随的定义吓一跳。他们都要学会如何应付这种不自在的感觉。

为了改变行为的方式，包容这种不自在的感觉，领导要经常这样问自己："我从以前的领导方式中得到了什么？"通常他们所得到的只是失败、失去控制以及尴尬。前面杂志案例中的麦克、全球产品公司的杰瑞、国际发展局的皮埃尔、技发公司的威廉姆、怀特杰弗里公司的德怀特、STG 的纳德、世界网络公司的亨利，都是如此。同样的故事一再上演。旧的关于领导的定义想要避免失败，力图保持控制，防止发生尴尬的局面，但是这种定义恰恰招致了失败、失去控制和尴尬。

追随者也要问自己："我从以前的追随方式中得到了什么？"卡罗琳、哈里、迪克、比尔和哈基姆的答案也是失败、失去控制和尴尬。双方的境遇完全相同。过去的定义本身就有问题。

通过这样的扪心自问，我们就可以了解到事实的真相，重新建构领导与追随的关系，采取新的行动方式，还能有机会学会合作，建立亲密的关系，从这些新的角色中获取力量。

不要忘记，20 世纪最受推崇的两位领导者，温斯顿·丘吉尔和约翰·肯尼迪都是因为让他们的追随者（也就是自己的国民）承担责任而受到推崇的，而不是因为他们自己承担了多少责任。丘吉尔在不列颠之战最艰苦的日子里说，自己除了血汗与泪水之外，再没有什么可以奉献给同胞了。他以此劝勉国民咬紧牙关，不要屈服。"让我们担负起自己肩头的重任，让我们牢记，如果大英帝国和英联邦能够屹立千年，人们仍然会说那是他们最好的一段时光。"肯尼迪最著名的一段话不是说要政府承担起更多的责任，而是"不要问你的国家能为你做些什么，而要问问你能为自己的国家做点什么"。

　　他们两个人都号召追随者承担起更大的责任，这加强了领导与选民的联系，更提高和增强他们完成面前的任务的能力、谋略、工作热情。要是按照以前那种"光辉伟大"的领导定义，他们肯定算不上是什么好领导。但是通过大家齐心协力，根据新的领导与追随的定义，丘吉尔和肯尼迪都无愧于"伟大领导"的称号。

04

THE RESPONSIBILITY VIRUS

| 第四部分 |

消灭责任病毒

逃避责任的泥潭

　　瑞克是一位年轻的财务经理。他在辛普森卡的财务部工作。这是一家中型汽车零件公司。直到六个月前，他的一部分职责是处理每个月的账目结算，但是由于他的失误造成了不少的损失，公司总会计师谢莉悄悄地把这项责任收了回来，亲自负责。

　　起初，当谢莉做了这一调整后，瑞克长长地舒了一口气。每个月的账目制表和结算是他所做过的、最令他感到有压力的工作。那些失误让他懊恼极了，所以他非常感激谢莉所做的调整，而且非常感激她所采取的方式没有给他带来太大的尴尬。但是现在，瑞克对这件事有了一种复杂的感觉。他知道谢莉的工作量已经很满了，她根本不需要再承担其他的任务。换一个角度去看，他意识到当谢莉接管他的工作的时候，他也差不多弄明白结算是怎么回事了。而他现在的新任务几乎是闭着眼睛就能完成的。当他想到他现在所做的一切是那样缺乏挑战性，觉得自己是退了一大步。这个感觉很不好。

　　然而，真正开始令瑞克受到打击的是谢莉的态度。最近的三四次，当一些令人感兴趣的任务出现的时候，谢莉总是把它们分派给其他员工。她看起来好像已经把瑞克当作一个永远不能委以重任的"替补队员"了。而她的这种态度也正在影响每个人，瑞克似乎开始被视为整个办公室里的一个薄弱环节。随之而来的是，再也没有人来找他做任何重要的事。

　　"她从来没有公开地贬低或者敌视我，"瑞克想，"但是现在，当她和我说话的时候，她总是难免会流露出来一点嘲讽的意思。就好像我已经是个麻烦，而不是解决麻烦的人了。我希望我能够走进她的办公室，要回每月结算的工作。六个月过去了，一些结算的程序我已经忘掉了。而且我也不知道我是否还能应付得了每个月最后期限来临时那种焦头烂额的场面，还有那些额外的压力。如果我向她再要一次机会，然后再失败一次，我将会面对更多的闲言碎语。也许，我最好还是闭上嘴做我自己的工作，虽然它不是特别令人振奋鼓舞。"

　　瑞克陷入了一种逃避责任的状态。在与老板、朋友、老师甚至孩子之间的关系中，都可能发生这种现象。你知道自己还能做很多别的事情，你也知道自己正在失去曾拥有的能力，你还知道自己的技能没有得到进一步的提高。你周围的人把你当作一个失败的典型。

　　承担更多的责任要求更多的主动性，但是你缺乏自信，又不敢毛遂自荐。你非常不喜欢这种感觉，但是心中又太过矛盾而没有采取任何行动，最后只能让自己慢慢地陷入一个恶性循环。

　　陷入这种逃避责任的状态可算是一个严重的问题，而且通常会成为意志消沉的一个诱因。心理学家们将这种累积性的、采取有目的行动的能力的丧失称为"习得性无助感"。[1]这种心态以不断加强的自我否定来滋养自己，直到你觉得自己永远陷入了一种不快而令人不满的恒定状态。除非是极端地意志消沉，否则你可能不会落到这个地步。

责任的静态守恒原理会使你和你那个（那些）承担了过多责任的伙伴逐渐远离平衡点，你和你的伙伴都将会一看到风吹草动就认为对方是消极被动或咄咄逼人。就像瑞克，只要别人有一点点微小的积极行为，他都会把这当成一种让他退让的信号。而他的反应也将带给别人一个信号，就像对谢莉那样。此时，你应该让他们免去你更多的责任。因为说到底，是他们把你给看扁了。这样你就落入了逃避责任的泥潭。

最终，这将导致冲突。承担责任过多的一方将会在重压和失败之下举步维艰，而在全面失败的局面下，那些逃避责任的人也不可避免地受到牵连，即便他们确信自己没有任何过错。

这种冲突可能很快就会到来，也可能要经过很长的一段时间。如果经过了很长的时间，那种长期陷在逃避责任的泥潭里的感觉会令人非常疲劳。冲突之前的时间越长，责任病毒造成的损失就越大，会表现为组织间缺乏合作、领导与追随者之间的关系更加疏远、更多的误解和不信任，以及更严重的工作技能萎缩。

正如前面提到的，IBM 就曾经历过这样一次缓慢而痛苦的衰落，并引发了 1992～1993 年的那一场大崩溃。这家公司家长式作风的领导阶层许下的终生雇用的承诺，为它的雇员们制造了一个逃避责任的环境，从而导致了 1992～1995 年的冲销和裁员风波，而那些被解雇的员工工作技能已经退化，却又不得不重新开始他们离开 IBM 之后的职业生涯。

避免逃避责任的 7 个步骤

　　人们怎样才能在冲突发生之前，扭转这种由逃避责任导致的恶性循环呢？承担过多责任的一方，往往会加强对方那种觉得自己不能胜任、意志消沉的感觉和习得性无助感，这些都给实现这一愿望造成了困难。所以要想真正克服这种状态，就需要采取循序渐进的办法。这其中的每一步都是可行的，每一步都将带给你更多的力量和勇气，为下一步奠定基础。

1. 设想你旅程的终点

　　逃避责任的状态可能是令人厌烦的，但它很少会让人觉得特别不舒服而去采取一些果断的行动。在瑞克的例子中，工作没有奔头可能令人忧虑，那些承担过多责任的人们的态度可能令人苦恼，但是人们会逐渐习惯这种感觉。最糟糕的是，那种不断向前、不断成长、不断给自己提出更高要求的感觉会被淡忘。你会觉得逃避责任不仅是无法避免的，而且是非常正常的。所以，如果不想清楚，就难免会慢慢放任自流。

　　所以，改善这种处境的第一步就是要设想未来的情况。设想你那些承担了过多责任的伙伴们日复一日地承担起越来越多的工作和义务，设想你自己随之不断地放弃这些工作和义务，设想你和你的伙伴互相怨恨和厌恶。渐渐地，你的伙伴将只能看到你真实能力的一小部分。他会因此质疑你的意志和素质，并且对你越来越尖刻。由于你接受了一种永远缺乏挑战的生活，你自己也会开始怀疑自己的能力和素质。最终，承担过多责任的那一方会把你看作一块应该被砍掉的朽木。即便他们不这样看，在他们因为失败而遭到别人取代之后，他们的继任者们也一定会。

想象这种最糟糕的情景，应该可以帮助你鼓起勇气去采取行动。有哪一种合理的行动，不管多么不成功，能使你将来的处境更糟呢？有什么比被动茫然地陷落到自我厌恶和自暴自弃中更可怕呢？很显然，你需要采取行动了。

2. 重新看待承担过多责任的一方

看过如果你不做任何改变，未来会是何等凄惨之后，再来看看承担了过多责任的那一方。目前，他们会对你表现出傲慢、霸道、冷嘲热讽。为了让他们变得更容易接近，你需要进行框架试验，使自己能够以一种更积极的眼光去看待他们。

这种重建要尝试弄明白为什么你的伙伴们会这样。如果认为他们就是那样的傲慢、霸道、喜欢冷嘲热讽，也未免把事情过于简单化了。很少有人真正会喜欢表现出这些负面的性格，更大的可能是，这些特征和举止其实是对你的行为举止的一种反应，是由责任的静态守恒带来的。你一直后退，他们就一直前进。他们试图填补你造成的真空，同时想弄明白你为什么要这样做。由于缺乏开诚布公的交流，他们就只好猜测，猜测你是不负责任，还是懒惰、缺乏主动性，又或者是包含了上述所有缺点。

你应该把其他人看作和你一样，仅仅是被责任的静态守恒迷惑住了。他们可能只是觉得没有人来帮自己一把。除非责任病毒被消灭，否则他们就会不断接管你的责任，对你的印象也会越来越差。他们有时可能就处在一个有利的位置上，但是却没有动力去独立地扭转这种局面。

你现在的框架可能是这样：

自我： 陷入逃避责任的状态不能自拔。

他人： 傲慢、霸道、大权在握。

任务： 在不利的环境中求生存。

你的新框架应该是这样的：

自我： 处在逃避责任的状态，但是仍然像其他人一样能干，能使双方都摆脱当前的状态。

他人： 承担了过多的责任，一部分是我自己的原因；感觉没有能力去改变任何事情；对自己的行为 / 态度不满。

任务： 尝试和其他人一起工作并分担责任。

记住这个修正后的框架，你现在也就准备好了和你那些承担了过多责任的伙伴进行一次有意义的对话。

3. 挑选一个你急于解决的问题

回想一下，在你逃避责任的问题中，哪一点最让你苦恼。选一个确实让你觉得别扭的，但不要找最难克服的。例如，瑞克不应该要求重新承担起每月结算的责任，很明显，这是一个太大的飞跃。但是瑞克怎样才能判断责任适度呢？

一个关键的指标是，在他想象自己与承担过多责任的一方共同解决这个问题的时候，能不能维持一个积极的框架。如果他不能，那他就应该选一个简单一些的目标。在瑞克的例子中，这个目标也许该是扭转谢莉在部门分派新任务时忽略瑞克的倾向。要达到这一点，可能不需要面对太多情绪因素或太多的痛苦，而且与之相关的负面影响也很少，此外，因为这样其实相当于帮助谢莉放下一个包袱，所以成功的机会也比较大。

这一步的目的只是要止住那使你陷入逃避责任的境地的恶性循环，而不是就此一举消除逃避责任的状态。

4. 进行一次责任阶梯谈话

有了新框架的准备之后，邀请你承担过多责任的伙伴进行一次谈话，目的是让双方对你所选择的目标达成一致，也就是在这一目标上让你承担更多的责任而让对方少承担一些。为此你需要用责任阶梯的形式来组织这一谈话。

首先，要说明你认为，你没有承担起所有你能承担或应该承担的工作，而且你很想纠正这一点。以一些实际情况为例来说明你能做得更多。

瑞克可以这样对谢莉说："自从我在每月的账目结算上出现失误并且不再负责这项工作，我发现自己开始害怕承担任务。你曾经问过谁愿意负责应收账款的协调工作，当时我没有自告奋勇。在几次其他的场合，你把工作分派给别人，我也没有提出要协助他们，尽管我有这方面的工作经验，且受过相关培训。"

接下来，描述你对当前状况的理解。无论是你还是其他的人，都已经对你的能力持悲观态度。这并不是什么好现象，也没有任何的好处。而你此前的行为确实鼓励了那些负面的看法。由于这种看法是大家都可以觉察得到的，除非你们双方都选择去打破这种恶性循环，否则还会继续流传下去。

瑞克可以说："我能理解这种状况是如何发生的。我没有太多自信，我可能也没有给你太多积极的信号。所以，你不大放心把任务交给我，而是自己承担了这些任务或者把它们交给别人。我们都没有尝试着做些什么来改变这种状态。"

很重要的一点是，不要为当前的事态过分责备别人。第一，这种说法可能是非常错误的，毕竟一个巴掌拍不响。第二，如果你没有公平地分担责备，将会让承担过多责任的一方进一步确信你是个缺乏责任感的人。第三，那可能会激怒另一方，使他们采取消极的态度对待这场谈话以及你的努力。

下一步，你要表达出为了你们双方的利益，你渴望改变现状，并且请求他们的帮助，要说明当前的状况是怎样损害了你（你的工作技能在萎缩，你不再进步，你的自信心在消退），以及对方的过度负担和劳累。强调你非常想帮忙，而且也需要她的帮助。

瑞克可以说："这样对我不好，我不觉得自己可以变得更加熟练，恰恰相反，我开始对自己的问题不以为意，不自信。而你不得不处理比你该做的多得多的事务，你要么承担起我的工作，而这本不需要你来承担，要么就为办公室里别人谁还能做这些工作而烦恼。我想要担负起多一些工作来帮我自己，也帮助你，但这样的话我将非常需要你的支持和合作。"

　　谈话的下一个部分应该建议使用责任阶梯来重建你的职责范围。你选择的任务应该是一项你正在做，但是承担的责任低于你应有水平的任务，然后提出建议让自己对这项任务承担起更高一级的责任。

　　瑞克可以说："你知道我怎样处理销售部门的贷款申请书吗？无论什么时候，如果申请者符合我们的贷款标准，我就会自己批准这些申请，把各种表格填好，就算完事了。如果他们超出我们的规定范围，我总是把它们拿给你，并且问你该怎么办。我从来没有进步，而你总是不得不去考虑所有的事情。不如我先对客户进行分析，带着我对申请书的看法和建议来找你，这样好不好？你就可以告诉我，你对我的分析和建议是怎样看的，然后做确认或者做出其他决定。如果你做了其他不同的决定，你可以告诉我在哪些方面我考虑得不周全，而我就可以学到点东西。过一段时间，我希望我能学到足够多的东西，能减少或者完全免去你需要花在贷款申请书上的时间了。"

5. 使用结构化决策工具来缓解压力

　　你可以利用结构化决策工具来试探是否双方都满意改进后的责任划分，或者会不会对它感到满意，并且对新的责任划分的实施状况进行评估。尤其是，双方可以由此来开拓思路。他们都可以提出这样的问题：从双方的角度来看，你在什么样的前提下才会认为新的责任划分是适当的？如果一方或另一方对于某些条件持不同的保留态度，那么就对这些保留意见进行测试，从而新的责任分工可以得到确认或拒绝。

就瑞克的建议而言，瑞克和谢莉可能都要考虑他们在怎样的前提下，才能够相信瑞克的建议是有道理的，比如：谢莉需要相信瑞克有足够的能力来对贷款申请提出正确的建议，从而保证她的考虑不会有偏差。她还必须相信瑞克真正有能力从她的反馈中学到东西，这样她才值得花时间去听他的判断，并给他指点。瑞克和谢莉同样需要相信第一件事，即他有足够的能力提出建议，并保证谢莉的判断不会因为他提出的建议而有所偏差。此外，他还必须相信谢莉愿意而且有能力为他的分析和建议提供足够的反馈，让他能够在这一领域里真正地学习和完善他的技能。

当他们得出的结论是他们双方都对各自的两个条件有把握，他们可能就会胸有成竹地采纳新的职责分工。但是，如果他们对某些条件仍有疑虑，他们可能会共同努力去克服这些疑虑。

让我们试想一下，谢莉对她的第二个条件（瑞克将会从她的反馈中学习，并值得她为此花费时间）有所顾虑，而瑞克也对他的第二个条件（谢莉将会愿意为他提供足够的反馈，让他从中学习）有疑虑。他们得出的结论可能是他们无法明确地预料到结果，而唯一的办法就是先试一个月。在这期间，谢莉将提供反馈，他们也将对瑞克的进步给予评估，以此来推断未来进步的可能性。最后，谢莉会权衡她所花费的时间是否值得。

相当重要的一点在于，这种尝试要被设计成能够在双方之间公开进行，而不是仅由一方私下里进行判断。如果这种尝试是私下的，另一方将永远都不会明白他们为什么失败了（或者通过了）。那将使他们无法从中学到东西。所以，谢莉需要在月末的时候解释为什么她得出一个这样的结论，瑞克也同样要这样做。

只有这样，他们双方才能真正理解瑞克关于要提高他的责任级别的设想是否正确。

6. 行动与反省

这一阶段的重点是采取行动并反省自身的表现，然后从中学习。"行动"的意思是要开始履行更高级别的责任。一开始这可能会令人感到害怕，但是在整个过程中，前 5 个步骤很大程度上就是为了把这种恐惧减到最小。与什么都不做所导致的悲惨前途相比，采取行动的风险还是要小得多，关键是循序渐进。而且，那些承担过多责任的伙伴们也将为扭转这种恶性循环而通力合作，他们要为那些逃避责任的个人提供宽松的环境，使他们能更容易地开始采取行动，改变境遇。

同样重要的是，当你承担起新的责任的时候，你需要反省自身的表现。根据你之前设定的标准来评估你自己的表现，并和对方一起验证你对自身的评估。开放的验证会让对方相信你愿意接纳他们的反馈。这会帮助他们认识到当错误出现的时候，他们不需要采用私下的检验和修正，他们可以和你及时沟通来做出合理的调整，而不必采取极端的、无意义的调整。

这种对话也会为双方的合作树立起信心。通过采取行动，逃避责任的一方开始让承担过多责任的一方相信，他并不需要这样不停地担负起过多的工作去弥补前者的不足。

此外，他们也相互发出了信号，表示他们愿意继续这种持续的、有助于彼此间合理划分责任的对话。这有利于培养出双方之间亲密合作的感觉，取代曾经的隔阂。这种合作性的方法将不断把他们推向一个能力和责任适当平衡的点，而不再对不合理的状态听之任之。

7. 不断重复以上的 6 个步骤

最后一步是要一再重复前 6 个步骤，直到你觉得自己已经从逃避责任的状态中解脱出来了。这可能意味着对同一个人在难度更大的事情上重复这些步骤，或者在其他令你感到自己在逃避责任的事情上对不同的人重复。希望就在于这最初的迈出困境的一小步可以带给你足够的信心去迈出第 2 步、第 3 步。

瑞克如果在贷款审批业务上取得成功，可能现在会鼓起勇气希望去克服月度结算的难题。现在他可能就敢于向谢莉去提这件事情了。另外，他可能觉得自己在其他方面仍被逃避责任所困扰，他可能需要去向另一个人重复这个过程，或者在工作上，或者在他生活中的其他方面。

对那些确实陷入逃避责任的泥潭的人来说，只面对一个人，就一件事情做出努力可能尚不足以消除那种感觉和根除问题。但无论如何，要停止这种恶性循环，就必须拿出必要的勇气，重复上述过程，直到他能够更好地将他的能力和责任匹配起来。

第 12 章

THE RESPONSIBILITY VIRUS

承担过多责任的陷阱

　　弗洛伊德坐在他迈朴勒布鲁克面粉厂的办公室里，这家农业企业是他在 27 年前创办的。这是一家评论家们称之为小公司的企业，其年销售额为 3000 万美元。但是弗洛伊德为它具有比许多大企业更强大的竞争力而感到骄傲。

　　然而就在此刻，弗洛伊德却是精疲力竭，感到有些沮丧。这是一个星期六的下午，他正在试图理清由他的销售副总裁所造成的混乱。哈尔是一位墨守成规的推销员，急于讨好人，而且在过去的 6 个月里，他过于放松对赊销的控制了。早在星期五，银行打来电话说，他们对客户应收账款猛增感到担心，同时，迈朴勒布鲁克公司为此还要向银行大量借款。

　　"弗洛伊德，"银行经理说，"我们对你公司的情况有一点不安。你肯定你那里的一切都正常吗？或者我们需要坐下来谈一谈？"

　　对这个电话，弗洛伊德与其说是感到不安，不如说是感到尴尬。这位银行经理是他的好朋友，他是一个不喜欢采取过火行动的人。他希望迈朴勒布鲁克公司的 CFO 阿特能事先给他提个醒。弗洛伊德已经决定了，对应收账款的增加与银行的贷款余额要看得再紧一点。看来，阿特没有想到要让他随时了解确切的情况。然而，星期五下午与哈尔的谈话可真是把他给气坏了。当他向哈尔询问有关应收账款的情况时，哈尔只不过是耸了耸肩膀，好像在说："嗨，我有那么多的产品要卖，如果不在赊销上放宽一点，我又该怎么办？"

就在那个时候，弗洛伊德终于明白了，哈尔从来没有、也永远不会成熟到能够成为他的接班人。哈尔知道如何进行销售，但是眼光太狭隘。他从来不关心自己业务以外的问题，例如，他的那些销售对象能否付得出钱来，以及这些销售是否能为迈朴勒布鲁克公司带来利润，等等。在哈尔看来，这都是弗洛伊德该操心的事情。

"我还得处理公司的盈利问题，"弗洛伊德一面翻阅着打印输出的材料，一面喃喃自语，"因为除了销售，哈尔不会也从来没有想过其他的事情。我还不得不处理与银行的关系，因为阿特只顾盯着内部的财务问题，而不喜欢管所有那些险恶复杂的外部世界的问题。我还得照管那么多后勤和采购方面的事情，因为我们的那些员工只知道一些基本的东西，不了解那后面所包含的战略问题。我已经 53 岁了，我那个到 55 岁时能够摆脱大部分公司日常事务的计划完全是做梦。说实话，我对这个地方已经厌倦了。我腰酸背痛，真想去打打高尔夫球。我觉得自己有点傻，我是唯一星期六还干活而又得不到报酬的人。"

每当有一个人感到自己陷入了逃避责任的泥潭，相对的就有一个人掉进了承担过多责任的陷阱。有的时候，这意味着你所担当的任务超出了你能加以处理的能力，但更经常的是，这意味着你把别人的工作重担也加到了自己的身上，就如同寓言中的那匹骆驼，背上的重担迟早会将你压垮。你要知道，人们会把你视为一个骄傲自大、行为过火、要求很高的人。他们不愿意主动采取行动，因为他们认为这是多余的，反正你会去做这件事，如果他们做了，你可能还要批评他们说方法不得当。你无论如何也不会真正地相信他们，因为你没有看到任何他们会插手这件事的迹象。你感到自己坠入了陷阱，但是也感到很矛盾。这会使得你承担的责任越来越多，同时你的满意程度却在不断下降。

请振作起来，除非出现了一个人真正地醉心于权力和责任，以至于它们成为他价值的唯一源泉这种罕见情况，否则责任的静态守恒迟早会打破这种僵局。它们会推动你和你那些逃避责任的伙伴逐渐远离平衡点。你和你的伙伴都将会一看到风吹草动就认为对方消极被动或咄咄逼人。就如同弗洛伊德一样，只要别人有一点点消极的行为，他就会将之视为一种他应当承担更多责任的信号。他的反应将会给其他人发出一个信号，就像对哈尔和阿特，他们应当继续退让。就如同我们在以前多次看到过的那样，随着承担责任过多的一方被沉重的压力和失败击垮，这种模式早晚会彻底崩溃。

在 IBM 公司里，当一般雇员为他们自己以及公司的成功所承担的责任越来越少的同时，那些主管们则被迫承担起越来越多的责任。他们实在无法承受这种负担，以及那些自相矛盾地暗示说是能够提高股东们的股票价值的举动，还对主管们造成了过大的压力。之后，IBM 令人震惊地崩溃了。当它于 1992 年崩溃时，经理们的做法就是从承担过多责任一下子转变为逃避责任，他们责备不思进取的雇员、抱怨股票市场和不公平的竞争，而不是他们自己对那种不切实际的终生就业保障的选择和行为。

避免承担过多责任的做法

在最终的崩溃到来之前，人们如何才能从承担过多责任的陷阱中逃脱出来呢？这个问题可能比逃避责任者的问题更复杂。承担过多责任的人往往对自己立场的危害性更加缺乏认识。他们觉得自己坚不可摧，能够在承担起他们自己的工作的同时也承担起其他人的工作。在他们的心中，坚定地抱着传统的英雄式领导的定义，而他们也正在起着这种领导人的作用。那些逃避责任的人会因为他们那个被人们普遍看不起的位置而深感羞愧，但那些承担过多责任的人却觉得自己很高尚感，认为这是自己这样高尚的人理应承担的。

我们可以采用一系列类似的办法来避免承担过多责任的情况。

1. 设想你旅途的终点

直到最终的结果显现之前，一个承担过多责任的人都会感到能够应付所有的挑战，所以不愿意做出什么改变。他们之所以会犯下承担过多责任的错误，恰恰是因为他们认为自己要比其他人能干。而其他人在他们承担过多责任时所做出的表现，更加进一步强化了他们的想法，即只有他们才能挽救败局。弗洛伊德可能感到疲倦和工作负担过重，但是他确信，哈尔和阿特没有能力去完成他们手头的工作，因此，除了由他自己承担下来、更努力地工作之外，他看不到别的选择。他已经习惯去承担那些过于沉重的工作，已经忘记怎样少做一些工作。哈尔和阿特看着他对责任大包大揽，他们自己就往后退，很快地，弗洛伊德去攫取更多的责任，然后一切就这么循环发展下去。如果没有进一步的措施，那么由责任静态守恒所导致的极端情况迟早会出现。

第 1 步仍然是要设想这种行为所必然产生的后果。让上面那种循环一直发展到最后。设想一下，你那些逃避责任的伙伴们承担的责任越来越少。设想一下，你自己每次都承担起了更多的责任。设想一下，随着你和你的伙伴们越来越相互轻视而产生的不良心理作用，你会越来越觉得他们可悲，而他们会越来越觉得你飞扬跋扈。

具体地说，重点考察一下你被迫承担的那些与日俱增的负担。看一下你断言你的伙伴们不能或无法承担、因而由你自己承担起来的所有那些任务。将所有这些任务加在一起，算算你承担这些任务已经有多长时间了，比如说是过去的三年吧，那么你在心里估计一下，在今后三年里再加上同样的任务／责任。你设想一下，在今后三年里，把这些额外的工作再加到你当前的工作上，你的生活会是怎样一种情景。然后再试想一下，下一个三年和更多的负担，然后是再下一个三年。

如果你能看到这种负荷根本不是任何人能够承受得了的，那么，即使是一个具有像你一样技能出众的人，也会产生要考虑另外一种活法的冲动。你将会认识到，不管在你把这些负担分给那些你所不信任的逃避责任的伙伴们时会有怎样的危险，这与你沿着那条路走下去而造成的危险相比，根本算不了什么。

2. 重新看待逃避责任的一方

有了上述的设想之后，你就可以将重点放到那些逃避责任的伙伴身上了。目前，你的伙伴看起来是软弱、差劲，甚至可能是懒惰的。为了将他们转化为能够承担责任的伙伴，你可以进行框架实验，在实验中，你要用一种更积极的眼光来看待他们。目前，在弗洛伊德看来，哈尔和阿特能力有限，帮不上什么忙，即使是他看到，并且害怕那种承担过多责任所造成的长远后果，他也决不会将一些重要的责任转交给他们。

要重新看待他们，也同样需要弄明白他们为什么会这样。他们不会因为喜欢做差劲而软弱的人才变成差劲而软弱的人。事实上，他们有自己的长处。哈尔具有令人难以置信的销售技能。与竞争对手公司的那些顶尖销售人员硬碰硬时，哈尔无疑会胜出一筹。对于他差劲和软弱态度和行为的一个更加合理的解释是，这是你的行为所致的。这也是责任静态守恒的杰作，当你前进时，他们就后退。当他们后退而你前进时，他们力图弄明白你为什么要这样，这导致他们猜测你骄傲自大、盛气凌人和不肯相信别人。

责任静态守恒已经把大家都限制在那个攫取和放弃责任的固定立场上了。

此时能够帮助你看到这一点的框架内容和上一章中的框架刚好相对。

现有的框架大约是这个样子的：

自我： 承担着过重的责任，并且深陷其中。

他人： 软弱、差劲，需要我去推动他们。

任务：英雄般地知难而上。

新的框架应该是这样的：

自我：落入承担过多责任的陷阱，主要是我自己造成的。

他人：陷于逃避责任的境地，部分是由于我；感到无法改变任何事情；对于自己的行为和态度感到不高兴。

任务：力图与他人一起，向着更加积极地分担责任的方向前进。

与你那些逃避责任的伙伴们谈话时，使用新框架的效果会好得多。

3. 挑选一个你急于解决的问题

如同对逃避责任的处理方法一样，在处理承担过多责任的问题时，也要先从最让你感到苦恼，但是并非最难解决的一点入手。对于那些承担过多责任、打算直接面对最棘手问题的英雄来说，这可有点难。因为在他们看来，要直接面对最棘手的问题方显英雄本色。弗洛伊德打算挑选那个哈尔所不愿意承担的、让整个业务产生赢利的责任。这是一个范围非常大的、复杂的和抽象的工作。较好的选择是由哈尔负责处理客户的赊销风险。如果哈尔在那方面干得不错，弗洛伊德或许更愿意逐步让他在盈利管理的其他方面负起更多的责任，例如，由他来承担起确定定价政策的工作。

因此，我们的建议就是：避免用承担过多责任的方法解决承担过多责任的问题。挑选一个问题，让逃避责任的一方（各方）有机会证明他们有能力，并且愿意帮助你解决自己给自己拆台的问题。

弗洛伊德需要确定当他面对哈尔和阿特来讨论这件事情时，能否保持一个积极的框架。如果他不能保持积极的框架，那么，他可以挑一个较为容易一些，能够少造成一点激动、痛苦和负面影响的点。这一步的目的只是要止住那使你落入承担过多责任的陷阱的恶性循环，而不是一劳永逸地消除承担过多责任的状态。关键是要有一个好的开头，这样才好打开局面。

4. 进行一次责任阶梯谈话

采用框架试验的方法，你可以与你那些逃避责任的伙伴进行一次谈话，其目的就是双方就你所选择的问题的责任分配达成协议。责任阶梯就是你可以用来掌握这次谈话的工具。

在谈话的一开始，你就可以指出，你感到你身上的责任太重了，而这无论是对于你的同事，还是对你自己都没有好处。重要的是，要避免让其他人感到他们是因为当前的情况而受到责备。极有可能的是，他们已经为其逃避责任而感到不安了。如果你在谈话的一开始就令人感到羞愧，那么，其他人就可能要采取逃避的行为来保护他们的主导价值观。在整个谈话过程中，要首先说明你承担了过多的责任。要清楚地说明，你要为这个问题分配责任了。

举出实例说明你在承担责任的问题上跑得太快了，而原本是可以将更多的责任留给其他人的。

弗洛伊德可以对哈尔这么说："三年前，我们的定价政策出了问题，我们以低于成本的价格出售了一些产品，而自从那时起，我就把定价的权力完全拿了过来。我在星期六的下午独自做出决定，然后把价格交给你和销售人员而不做任何解释。我没有给你机会来了解我对于定价工作是如何考虑的，我认为那是我这方面的错误。"

接下来说明为什么会出现这种既不理想也没什么好处的局面。

弗洛伊德可以说："我能理解情况一直如此的原因。我从未向你表示需要你的帮助，我也没有给你解释过我是如何决定价格的。我是 CEO。对于你直截了当地接受了我对任务的分配，并且集中精力去做其他方面的工作，我一点也不感到奇怪。在星期六的下午，我有时会想为什么哈尔不做这件事？但是你不做这件事是完全可以理解的。在这种情况下，是不可能有任何转机的。"

重要的是，各方为当前的情况来共同分担责任。如果逃避责任的人因为某些他们无力改变的事情而受到责备，他们会非常敏感，不管这种感觉是很有道理还是没有道理。

接着说明你打算为了大家而改变这种情形。要清楚地说明，为此你需要他们的帮助。要说明当前的情况对于大家都不利，首先从你自己开始，但是也包括他们。

弗洛伊德可以说："这对于我没有好处。我感到工作负担过重，而企业正在变得过于依赖我，这样做是不符合企业的长远利益的。我越来越疲劳，而你们的脑子却在生锈。我希望能与你一起合作，向你提供更多承担责任的机会。同时，我也希望你能帮助我，减轻我的负担。我有些不好的习惯，当我要去掌握不应当由我承担的责任的时候，我希望你能提醒我。"

然后，你可以使用责任阶梯的方法来减轻你所承担的责任。你可以选择一项任务，这项任务的选择标准是你处于阶梯中太高的地方，而其他人处在阶梯中太低的地方。你可以建议各方平衡分担责任。

弗洛伊德可以说："当前，是我在为所有的客户确定赊销限额，而只是把最后的结果告诉了哈尔。但是你和我一样对客户都很了解，甚至你比我更了解。你可不可以先为这些客户设定一个初步的界限？你可以把你的分析和结果告诉我，然后我把我的意见告诉你。如果我有任何改动，我将告诉你我改动的原因，这样你在下一次就明白了。如果到了我能接受你绝大多数建议的时候，我就把决定赊销限额的工作完全移交给你。我想，这样做对你更好，对我也好，对于迈朴勒布鲁克公司也更好。"

5. 使用结构化决策工具来缓解压力

这里你同样可以使用结构化决策工具来缓解新的责任划分所造成的压力，并且采用下面的假定来评价新的责任制的成果。和以前一样，关键的问题是：从双方的角度来说，你在什么样的前提下才会认为新的责任划分是适当的呢？

弗洛伊德和哈尔可能要反思双方在什么样的前提下才会认为弗洛伊德的建议是正确的。例如，弗洛伊德必须要相信哈尔具有足够的能力从公司整个业务的角度，而不是仅仅从狭隘的销售的角度来提出关于赊销问题的建议。他还必须要相信，哈尔能够把他的意见记在心里，并且从中学到东西。哈尔则必须相信，他能够提出一整套有用的建议，而不是那些弗洛伊德只会弃之一旁的建议，而且，弗洛伊德会有时间来提供他的反馈意见。哈尔还必须相信，他自己有能力按照计划进行学习，不断得到提高。

如果他们都认为双方的前提能够成立，那么，他们就会有信心采用这种新的责任划分。如果他们心存疑虑，他们可以共同设计一些检验方法来帮助他们克服这些疑虑。弗洛伊德和哈尔可以进行那种如同谢莉和瑞克所做过的受控试验。或者采取另一种办法，就是他们同意在进行这项计划之前，先让哈尔到当地的商业学校去上赊销分析的培训班；或者他们在进行这项计划之前，弗洛伊德需要先学一学如何提供有效的反馈意见。

如果他们进行这种受控试验，或者哈尔参加学习班，或者弗洛伊德听取了指导，那么他们实验的结果就应该取决于两人的共同评估，而不是仅仅取决于其中一人自己对自己的检验结果。因此，如果弗洛伊德参加了一两个如何提供反馈意见的讨论会，然后表示不需要与哈尔（或他的顾问）协商，他自己就能够拍板，那是无法让哈尔相信这个新的责任划分能够行得通的。如果他缺乏信心，他就可能退缩，并且尽快地退回到较低的责任位置上去。

为了让这两人中那个逃避责任的人愿意承担更高责任所带来的风险和危险，承担过多责任的那个人就必须认识到这种担心，并且向对方保证他们的行动正在塑造一种更加有效的行为方式。特别是，他们在使用结构化决策工具时需要论证得很清楚，并且使得他们的行动受到公开的检查和评论。如果承担过多责任的一方不能这么做，那么逃避责任的一方也不大可能会这么做，而这可能会阻碍前进的进程。

6. 行动与反省

由于要放手交出一部分责任，承担过多责任的一方会担心自己是不是在给自己种下失败的祸根，但是逃避责任的一方同样会感到担心，或者更为担心。对于承担过多责任的一方来说，重要的是决不要像一只翱翔着的秃鹫似的，一有机会就俯冲下去夺回那些他们已经交出去的责任。如果他们这样做，逃避责任的一方就会怀疑对方的承诺，并改变自己的做法。因此，对于弗洛伊德来说，重要的是，要给哈尔构想建议留有时间和余地，等着哈尔把建议完成后来找他。

各方在调整到新的责任水平后，都要对自己的表现进行反思。弗洛伊德需要问自己：我是否鼓励了哈尔，并且在做整套赊销建议时给予了他一定的宽容度？当我对他的建议感到不满意时，我是否给了他有益的反馈意见？当他出现错误时，我是否向他提供了指导，并且给了他第二次机会，还是我立即就把责任收回来了？更加重要的是，他必须问哈尔那样一些问题，对于这些问题的回答不仅仅是为了自我肯定，还是要了解他对于哈尔的影响是怎样的。哈尔的反馈意见能够使得弗洛伊德从自己这方面来采取正确的行动。弗洛伊德也可以就哈尔的行为提出意见。哈尔是否在这个过程中一遇到困难就退回到较低的责任水平上去了，或者他对于承担更大的责任这件事不是那么认真？

这种对话可以加强双方的信心，让他们相信彼此是能够沟通的。通过采取行动，弗洛伊德可以使哈尔相信他并不想成为一个傲慢的人，也不想什么都管，而是需要哈尔的帮助来克服自己承担过多责任的倾向。他也需要讲清楚，他需要哈尔的合作，要他承担更大的责任。当他这样做的时候，哈尔就会让弗洛伊德增强信心，他将不必承担越来越重的责任，他已经老了，更愿意考虑他退休以后的生活了。他们开始把彼此视为解决问题的伙伴，而不是造成麻烦的根源。这将促进形成一种合作和亲密的关系，这种关系本身就提供了抵抗责任病毒的能力。

7. 不断重复以上的 6 个步骤

最后一步就是不断地重复以上的 6 个步骤，直到你感觉自己已经从承担过多责任的陷阱中脱身为止。对于弗洛伊德来说，这意味着两个方面，一方面是与哈尔一起处理更加重要的问题，例如处理企业整体的盈利问题；另一方面是开始与阿特和其他经理们处理他们的问题。随着后面的问题一个接一个地被成功解决，弗洛伊德会感到越来越脱离开那种令人不舒服的承担过多责任的陷阱。在这个过程中，他会感到他已经达到了某种平衡，不会再把自己当成一个正在走向崩溃的人。

解决承担过多责任方面的小问题并不能彻底根除责任病毒，但是希望在于，迈向陷阱外的这一小步会让你产生充分的信心来继续走下一步，然后是一步又一步。最起码，它也会止住那种恶性循环，并给你带来重复这个过程的信心，直到在你的生活中，你的责任与你的能力能够相互匹配。

专业人员所面临的挑战

　　虽然每个人都可能受到责任病毒的感染，但专业人员却是责任病毒的携带者，他们与别人的关系特别有利于责任病毒的传播。为了能切实地帮助他们的客户，专业人员必须学会为他们自己接种疫苗，并且学会对抗这种疾病的方法。否则，他们职业生涯中的许多时间将会是在传播而不是控制这种疾病。

　　当然，专业人员有无数种，许多人是在保健部门工作，这包括内科医生、护士、牙科医生、按摩技师，以及心理学家和各种临床治疗专家等。同时，专业人员还有律师、工程师、咨询人员、保险精算师、建筑师、教育工作者、运动员等。

　　尽管他们种类繁多，但是这些人具有一个共同的关系结构，而且这种关系结构总是给他们带来麻烦。

　　专业人员被定义为专业服务的提供者。他们提供所需要的服务的能力来自两个方面，一方面是他们所受的专业教育，这种教育通常是具有挑战性的和复杂的；另一方面是他们在相关领域内多年工作的经验，这常常包括由他们的专业资格证书管理部门所要求的一定形式的学徒期。相应地，专业人员也认为他们在自己的领域内具有独特资格，而当我们雇用他们时，我们寻求的正是那种专业技能的标志。通过雇用他们，我们发出了一个信号，即我们认为他们确实是具有独特能力的。事实上，就如同社会学家安德鲁·阿伯特[1]所说的那样，专业人员团体经常寻求建立一种对于特定问题和现象的管辖权。例如，精神病学家建立了对于诸如多动、抑郁和爆发行为等问题的管辖权。他们首先将这些问题做出标定，然后根据经验证明具有这些精神病学家赖以为生的症状的人是如何与已经被标定了的问题相关联的，最后，则通过承担为与此相关的问题提供建议的责任来获得管辖权。专业责任，以及由此而产生的利润，就是得以成功地建立起管辖权的回报，而精神病学家也就成为该领域专门技能的垄断者。

我们之所以寻求专业人员的服务，是因为我们遇到的问题或不足之处属于我们自己不精通，而我们又相信他们应该精通的领域。当我因为耳朵疼了一个月而感到不放心时，我就去找我的医生。当我打算建造一个能符合建筑规范、外表漂亮而又让家人称心如意的小别墅时，我就会去找建筑师。我最近一次去找律师，是因为我需要更改我的遗嘱。正是这种寻求专业人员帮助的行为向专业人员和我们自己传达了一种信号，即我们知道我们无法解决自己所面临的问题。这样，就在我们定下约会的那一刹那，责任病毒就已经开始蠢蠢欲动了。

在实际中，以及在观念中，我们认为在他的领域内，他们是具有相应能力的，而我们则不具备这种能力（而且我们还会发出这个信号）。这种能力的差距由于这些专业人员所使用的语言系统而更加扩大了，这种语言系统使得他们的专业知识令人难以理解，从而无法加以批评和发表意见。[2]

在大多数情况下，我们把雇用专业人员视为一件大事，因此只有当事情很重要时，即这件事或者可能非常有利或可能极为不利时，或者事情很复杂，我们无法自己解决时，我们才这么去做。寻求专业人员帮助的费用高昂。这些费用通常由寻求帮助者本人承担，这也意味着造访一位专业人员就等于建立起了一个环境，在这种环境里，我们会非常愿意正式放弃以任何形式来合作解决我们手头问题的责任。研究表明，一旦我们支付了专业人员的服务费，我们就以例如"我们交了那么多钱才得到这个建议，那这个建议应该是很好的"这种解释来打消"这个建议可花了我们不少钱"和"这种建议有可能没有任何帮助，甚至可能是有害的"之间的认知矛盾。

我们之所以经常要为这种服务支付大把的金钱，既是因为这是一件非常重要的事情，也是因为专业人员将他们的时间的价格定得很高（通常是因为他们能够定得这么高）。

专业人员或多或少能很好地理解这种结构的性质。事实上，我的看法是，他们就是由于这种结构才被吸引到专业领域中去的。在这一结构中，他们是控制整个局势的专家。专业人员往往喜欢通过提高自己的专业水准，将他们自己与同行们区别开来。他们也愿意成为一个能对客户有帮助的人。所以，他们可以既是一个专家，又是一个利他主义者，而如果他们确实不错，他们就会因为自己的工作而得到大笔的酬金。

从一开始，这种关系结构就会使客户和专业人员二者都产生一种对失败的巨大恐惧感。客户是无能为力的，他担心专业人员的帮助不能产生成功的结果。具有讽刺意味的是，客户知道他之所以雇用这个专业人员，是因为他自己是一个外行，对于手头的这件事情，他知之甚少。正是他知之甚少，所以，他没有把握来判断该专业人员的实际能力。专业人员所使用的那些术语行话肯定也不会使得这种判断更为容易些。如果我们很了解手头的事情，有把握做出判断，那么我们很可能就已经知道该怎么办了，也就根本用不着请专业人员帮忙了。这是个逻辑怪圈。要么你是个行家里手，那你就不需要专业人员的帮助；要么你是个外行，那你就不得不猜度这位专业人员的真实水平。

专业人员从一开始就担心的是，他所接手的这项工作非常之难，以至于他必须努力奋斗，甚至都可能会失败。其部分原因是从一开始，该专业人员所同意接受的任务并不明确。客户由于不具有专业人员的那种专业知识，甚至可能连这方面的一般知识都不具备，所以解释他的要求时就很费劲，而专业人员不得不猜测这项任务的性质和范围。

当我打电话对我的医生说"我浑身疼痛，所以我要去见你"的时候，我的医生无法了解任务的复杂性。这可能是消化不良、阑尾炎，或者是肝癌。如果是肝癌，那可是一个极为复杂的问题了。当一位CEO雇用一位战略顾问来为他解决经营问题时，该战略顾问并不知道任务的困难程度，直到他介入到此项任务几个星期或几个月后才能搞清楚这一点。毕竟，倘若这位CEO能够自己找到问题的症结，那他可能自己就能解决，而不必去雇用这位战略顾问了。

因此，从一开始，双方就都有相当大的忧虑，这位专家之所以成为一个专业人员，部分是因为他喜欢控制。只要看到客户有不舒服的地方，他们就会翻身上马，扮演起传统意义上的领导角色。为了防止失败和保持控制，也是为了避免尴尬和保持理智，这位专家会单方面地攫取责任并开始工作。这位客户已经感到受了伤害，也感到自己无能为力，则倾向于冷眼旁观，采取一种传统的追随的行为方式。他们通过雇用专业人员代为控制来保持自己的控制权。现在，一方面通过专家负责，他们就能够实现只赢不输；另一方面通过不表露出内心的担忧，他们又避免了尴尬。

正是随着这种情况的发展，责任病毒开始了大肆发作，而且节节进逼。客户的消极态度使得专业人员相信，他攫取权力是正确的。专业人员咄咄逼人使得客户相信，他袖手旁观是正确的。到这种时候，关系结构已经很难恢复平衡了。专业人员和客户彼此拉远了距离，专业人员承担了大部分的决策责任，并因此索取报酬。

由于那个把专业人员和客户连接在一起的问题通常是短时间内存在的（尽管并非总是如此，例如一个客户和治疗师之间的关系就可能会延续许多年），因此责任病毒的效果并不总是马上带来失败。责任的静态守恒尚不足以造成那么严重的不平衡。

然而，责任病毒会严重减少合作带来的利益。这种效果不佳的原因是，在这种关系结构中客户的能力和眼光或多或少地被忽略，同时合作效果也取决于问题的严重程度。另一个不幸的后果是，这种关系在情感方面远远不能让客户感到满意。

我们大家都经历过与典型的独断专行的医生打交道时所产

生的那种挫折感。有一次，我的女儿从马上摔了下来，看来是摔断了肘部，我急急忙忙地把她送到医院。这个医生只问了很少的问题，对于我的担心和所关心的问题，以及关于我对于摔下来的过程的说明全然不予理会。他所听取的意见远远达不到他的同行（或者法庭）认为必要的程度，就做出了绝对的判断。他从一开始就认为我帮不了什么忙，只是在绝对必要的时候才向我询问情况。很明显，他并没有将我视为一个共同追求最佳治疗效果的伙伴。

不出我所料，结果很糟糕。他的诊断认为我女儿的骨折属于那种由于摔下来时，胳膊为了支撑身体而过度受力所造成的情况，这时，手掌与胳膊成一条直线，肘关节的骨折有90%是这种情况。但是，在其他10%的情况里，肘部跌断是由于弯曲的胳膊的下部直接着地而造成的，手掌根本就没有触地。我女儿就属于这种情况。他不管我如何企图向他说明我女儿落地的真实情况，就做出了诊断。其结果是这个医生上错了石膏模子，他没有把断开的骨头接在一起，反而把它拉开了。

这对于我女儿是一次痛苦的经历，并且造成了我们之间极大的疏远。我感到，虽然我有很重要的事情要说明，这位医生却根本没有考虑我的观点。我觉得我女儿是那种单方面决策的牺牲品。我回头去找一位我很熟悉的医生，他仔细地听取了事情的经过后，也认为这属于那10%的情况，而不是90%的情况后，我的女儿这才走上了康复的道路。

当决策显然是糟糕的，而其后果也是有问题的或者是灾难性的时候，这些独断专行的医生一方面感到实实在在的自责，另一方面又认为自己是个英雄，做出了当时情况下最好的处置。他们认为自己或者是运气不好，或者是当时的环境下实在别无他法。他们原本可以通过以一种更加有效的方式来听取患者的意见，通过与患者合作获得很大的好处但对此他们视而不见。

然而，考虑到这种关系的传统结构，这种视而不见就不奇怪了。患者从一开始就明白了医生的意思，并且从决策的视野中消失了，医生根本就不指望他们能进行有效的配合。

另外，我们中的许多人也曾经雇用过独裁主义的建筑师，他们尽可能少地听取我们的意见，自顾自地设计那种他自己喜欢住，而不能满足我们的需要的房子。或者我们雇用一位好斗的律师，与另一方就一些和我们利益无关的法律条文进行争辩。或者我们雇用一位顾问，他带来一队人马急着去解决他们认为是我们的问题的那些问题，甚至都没有搞清楚我们的观点，或他们的解决方案与我们的需求有没有关系。

由于这种关系结构，许多专业人员与客户之间的合作使得客户对于所得到的结果感到不大满意，而对于得到这些结果的过程则极为不满。它也导致我们将专业人员们视为一些傲慢的、顽固而缺乏同情心的人。

专业人员如何克服责任病毒

当然，并非所有的专业人员都成了责任病毒的牺牲品。许多专业人员与他们的客户进行了高质量的互动，在这种关系中，客户们在合作的过程中提供了许多宝贵的意见，并且对合作的过程和结果都感到非常满意。

所有的专业人员都可以通过将自己的工作与我所给出的四条

原则相结合，从而得到病毒免疫能力。

1. 重新定义领导

专业人员总是要担当一定的领导角色，但是专业人员对于领导的工作的定义是有着重大的区别。专业人员必须从一开始就避免产生领导应该承担起所有责任的错误认识。

相反，专业人员应当表明，客户的技能和能力对于完成手头上的工作是极为重要的，而他打算最充分地利用这些技能和能力。

在战略咨询领域内，几乎所有的公司在推销自己的时候，都是以它们在某一个特定行业中的专门知识为卖点的。咨询公司和客户都认为，对于客户所从事的行业（如航空业或药品业）中的一些重要知识，咨询公司要比客户知道得多一点，尽管客户每个工作日都在干这一行。客户是基于咨询公司在该领域内的专门知识来雇用该公司的，因此，客户是在明确地表明，与自己的行业知识相比，它更加看重咨询公司的专业知识。

就是基于这种知识优势上的假设，咨询公司担负起了责任，并且它们不认为客户能提出什么真知灼见。由于无法起到一个积极的作用，客户虽然就是干这行的，它们也倾向于采取那种传统的追随者的态度。它们站在一旁看着咨询公司工作，而责任病毒就这样开始发作了。

对于咨询公司来说，更加富有成效的办法是出售那些更为切合需要和更为特殊的专门知识。它们可以来自其他行业有真知灼见的专家，或者某个特定过程的专家。这些起到补充作用的专门知识可以使那些被雇用的咨询公司不必去承担所有的责任，以及只能让客户被动地等待结果。相反，它们可以是有益的合作关系，在这种合作关系中，客户提供行业和企业的知识，而咨询公司则提供其他行业以及过程处理的知识。

吸引客户加入到共同做出决策的合作关系中去，总是需要帮助它们克服最初的那种不安和担心。咨询公司的态度不应当是"由我来负责一切"，而应当是"我来领导，但是让我们一起来解决它"。如果客户有担心的表示，或者态度不积极，那么专业人员必须等待，要表现出耐心和坚定的态度。专业人员必须要诱导和吸引客户，使得客户尽管不那么情愿，也要加入到真诚合作的关系中来。

合作关系包括当专业人员遇到麻烦时，要寻求客户的帮助和支持。这几乎肯定会让专业人员感到"不像个领导"，但这会是一个有力的和正面的信号。客户总是会予以帮助的，而这种帮助行为将进一步鼓励客户去克服他的消极和逃避责任的态度。

如果客户在接受共同承担决策责任方面有困难，专业人员可以故意做出一点适度的无能为力的样子来鼓励客户介入。由于责任静态守恒，客户对于专业人员那种无能为力的表现的天然反应就会出现，从而填补其中的空隙。一旦客户这么做了，他们就会敢于再次这么做。采用这种方法，专业人员就可以促使客户承担起更多的责任，从而将那种传统关系转变为新的伙伴关系。

2. 结构化决策流程

专业人员必须认识到，推论阶梯既可以帮助又可以破坏合作关系。在许多方面，专业人员是由于他的推论阶梯而被雇用的。

他们所出售的产品是他们通过对于数据的分析（不管是在医药的、建筑的、商业的或其他的方面）而得到的决策，以及从这些数据中得出有意义的推论的能力。这种数据的选择以及推论的推导过程都是非常个人化而神秘的，因此，客户无法与专业人员进行合作，他们会把这些专业人员思考过程的结果视为神秘而难以得到的。他们也不太可能去质疑一个他们甚至还无法完全理解的思考过程。

所以，这位独断专行的医生会倾向于挑选那些他自己觉得很突出的论据，根据他的经验进行推论，并且告诉患者应当如何去做。这位医生会尽可能少向患者论证，因为医生的目标是尽快、尽可能高效地做出决断。在这种情况下，患者对整个情况不明所以，也就无法提出抗议。他只能够猜测医生是怎么想的，并且感觉医生不想多花时间进行分散注意力的谈话。对于患者来说，提出异议的障碍是很高的，多数人将无计可施，如果效果不理想，就全怪医生。在我女儿摔断胳膊的事件中，当我向医生说明我女儿是如何摔下来，以及落地时胳膊的位置时，这个医生很精明地点头不已。我怎么可能知道他其实根本就对我的话听而不闻，而根据 90% 的肘关节骨折都是以另一种方式发生的这一论据在进行判断呢？他其实就是根据那个论据做出的推论。

相反，合作型的专业人员将会把他们的思考过程加以公开，指出那些引导他们得到结论的论据和推理过程，以及他们建议采取的行动。客户可以检验他们的逻辑，并且会设法询问对方的论据和推理。如果客户觉得专业人员的论据和推论站不住脚，专业人员将会帮助客户来设计对这些论据和推理进行检验的方法。这些检验或者可以帮助客户确认和支持这些结果，或者可以使得专业人员认识到自己的方法的错误所在。

合作型的专业人员明白，他们的产品不是为他们自己，而是为客户提供的。那就意味着客户的理解和支持是问题的关键。因此，专业人员应当尽量少做那些脱离客户的事情，共同工作是建立双方都能同意的推论阶梯的最好方法，这种方法将会使得专业人员和客户都受益匪浅。

3. 责任阶梯

无论他们是否公开说明自己是在使用责任阶梯的方法，专业人员都应当在与客户合作和打交道的过程中坚持运用这一原理。关键是要认识到，客户的技能和能力不是静态的而是动态的，既可以被破坏消灭，也可以被积极培养，这取决于专业人员的态度和行为。

对于手头的任务来说，专业人员和客户的能力始终存在着巨大的差异。倘若没有这种差异，那就是客户雇用了错误的专业人员。然而，这种差异的大小不应该导致专业人员只看到客户的缺点而去把握控制权。

反之，如果专业人员能够采取一种建设性的发展态度，客户就既可以为解决手头的任务贡献自己的力量，同时也能够拓展他们自己的决策能力。责任阶梯有助于为客户设定责任的水平，既能对客户提出更高的要求，又不至于使他们败下阵去。专业人员做这些事情的时候，可能并不使用责任阶梯的术语。

如果一个建筑师问一对夫妻打算如何来设计屋顶轮廓线，使得它既能与他们的房子和谐统一，又能符合建筑规定的要求，这对夫妻可能会感到无从回答。但是她可以要求这对夫妻确切地说明他们将如何使用他们所盖的这所房子，这就有可能拓展他们的能力。如果这位建筑师要求他们说明在设计中有哪些方面可以做出牺牲，哪些方面则一定要达到高标准，他们可能答不上来。但是，如果她和他们谈谈有哪些因素就像是鱼与熊掌不可兼得，并且要求他们来帮助解决这一问题，她就能帮助他们提高相关认知水平。

当客户得到提高而不是被打垮的时候，他们能力的提高会快得惊人。而他们的决策能力越强，这种合作的结果就越好。在许多方面，专业人员要更好地完成任务，就要培养出更好的客户。为了培养出更好的客户，专业人员需要在与客户共同工作期间，让他们站到责任阶梯的更高一层上去。

4. 框架试验

在专业人员的工具包中，这是一件很重要的工具。因为在专业人员与客户的关系中，当能力差距、客户的担心和客户的期望错综交织的时候，他们的挫折是注定的。根据客户和特定情况的不同，在某个时间点上，他们可能会变得愤怒、暴躁、无能为力、固执己见，要么就是不予合作。

在遭受这种挫折的情况下，专业人员往往倾向于使用那个老式的框架：

自我：是正确的。

客户：是错误的。

任务：改变客户的情绪。

正如我们以往所看到的那样，这种方法只能使问题变得更加糟糕。专业人员将向客户们发出更加刺耳的喊叫，而客户们要么躲藏起来，要么跑到一边去，而这会引起专业人员更大的愤怒。唯一可能的后果就是一整套糟糕的决策和不高兴的客户。

理想的做法是，专业人员应当记住有可能是客户完全正确，而专业人员却完全错误。如果专业人员失去了对客户的信任，他们就可能已经失去了建立有效关系的能力，他们将跌入恶性循环的轨道上去。事情就是这么简单。如果专业人员感觉到这一次或许是客户对了，就可以使用这个框架试验来扭转形势。

修改后的框架很简单：

自我： 可能遗漏了什么东西。

客户： 可能看出了某些我没有看到的东西。

任务： 设法查明是不是他们真的看出了我没看到的东西。

该框架试验可以让专业人员接近客户，并且设法去理解客户的论据和他们的想法。

对于客户担心的理解也是非常重要的。无论是痛苦的患者、严阵以待的企业主管，还是心急火燎的建筑师，客户有着充分的理由为将要发生的事情感到担心和茫然。如果专业人员认为，这种担心意味着缺乏能力，那么他们就将更深地陷入承担过多责任的情况中去。反之，如果专业人员认识到客户的担心是由于他明白手头的任务超出了自己的能力范围，他需要专业人员的帮助来达到一个更高的水平，那么专业人员或许就不会做出不恰当的举动。

专业人员还必须记住，无论他们的工作是如何艰难，从情感上讲，这项任务对于客户来说则更加困难。专业人员必须考虑到，客户要把这样一件重要的事情交到他们手里，有多么为难。通过采用这种框架试验，专业人员可以多用点时间听取客户的意见，多花点精力真正理解他们的观点，从这种角度出发，才能引导客户做出更好的决策，更好地为他们服务。

| 第 14 章 |

THE RESPONSIBILITY VIRUS

对董事会的挑战

"这些傻瓜想干什么？"汉斯心中暗想。他气愤得几乎连话都说不出来了。4年前，他受雇来改变格鲁乌公司的命运，这个曾一度辉煌的公司，由于连续几代领导者的软弱自满而走向了没落。他是一位强有力的主席和CEO。但是目前，董事会新近成立的战略委员会刚刚通知他（不是向他暗示，而是明明白白地通知他）董事会对他提出的战略建议感到不满意。更加糟糕的是，董事们要他在投票批准该建议之前，聘请一个咨询公司来审查他的战略。

汉斯积极地对格鲁乌公司增长缓慢的核心业务之外的领域进行投资，实现了经营多元化。即使是在核心业务上，他也为改善公司的前景而进行了重新定位。这个他曾经力图加以改造和实现年轻化的董事会，在公司的转型过程中没有帮他多少忙。这些董事们在罢黜前任并雇用了汉斯以后，就立即站到了幕后，并且自从那时起就再也没有站到台前过。当他接手工作后，他们就批准了他最初提出的战略，并且对他提出的每项收购建议都照批不误。

现在，由于核心业务的疲软程度比先前预计的要厉害，而几项收购行动也没有按照他原先计划的那样进行，董事会突然对他发起了攻击。"我的新战略很明显是正确的，"汉斯怒气冲冲地说，"而且我有胆量将它执行下去，而不是让格鲁乌完蛋。董事们根本就不知道他们在说什么，这还不算，他们还采取行动阻碍我为公司设定的进程，为了这个进程我在这4年里身先士卒，付出了多少努力！"

汉斯毫无办法，他强咽下这口气，雇请了一个外部公司。他对这些顾问说，这项战略其实是没问题的，可是董事会根本就不理解它该做些什么。这不是一件容易的事，在前进的道路上过去有过、今后还将会有坎坷，但是他的战略的确是唯一明智的选择。尽管汉斯的看法很有说服力，顾问们还是提出了一些问题，并且提出了另外一些建议。

汉斯把这视为对他的权威的有意冒犯，这使得他更加心浮气躁。他继续不顾董事会的意见就做出决定，而且极力主张采取包括大量裁员在内的一些行动。对于这些行动，董事会在听取顾问们的结论性意见之前是不愿意加以考虑的。

董事会的反应是赋予了战略委员会更大的权力，并且在周末的时候安排了一次会议来分析咨询顾问们的结论。会议不在公司开。会上，整个董事会都要考虑一系列战略方案并共同做出决定，而不仅仅是由CEO来做出决定。汉斯对于这种做法和董事会最近的过激行为提出了更加刺耳的批评。他坚持说，审查顾问们的工作是他的责任，并且应当按照他的观点向董事会提出战略建议。

这种激烈的态度使汉斯与董事会变得疏远了，并且葬送了董事会对其扭转乾坤的能力的信任。在会议前，董事会将汉斯解职了，并且任命了一位董事担任主席和过渡时期的 CEO。董事会承担起了战略决策的责任。根据会议所提供的材料和辩论的结果，董事会做出了一系列战略决定，使汉斯大感意外的是，其中也包括了他所极力推进的裁员计划。

董事会开始着手招募一位新的 CEO，经过 5 个月的寻找，在一家大的全球猎头公司的帮助下，董事会雇用了一位新的领导者。新人斯考特是一位有经验的行政副总裁，他来自相关行业中一家大得多，也更富有声望的公司。董事会给了他极其优厚的待遇，以及公司管理方面极大的权力，其权力与原先汉斯担当执行官时的权力惊人地相似。在等待新的 CEO 到来的期间，战略委员会被解散了，而战略制定工作也停滞下来。

斯考特立即着手制订新的计划，很少听取董事会的意见或与董事们交流。几个月后，他提交了工作计划请董事会批准。该计划得到了一致通过，甚至没有经过多少讨论。商业报纸披露了新计划的内容，并且对格鲁乌公司转变经营方针表现出了极大的热情。董事会松了一大口气，认为自己采取了必要的手段以确保格鲁乌公司股东们的成功。董事们使得自己摆脱了从来没有实现董事们期望的汉斯，而以斯考特取代了他，斯考特可是一个更为坚定、意志坚强和更加能干的人。

然而，使得董事会、斯考特和格鲁乌公司的股东们感到悲哀的是，情况没有任何好转。在斯考特的领导下，盈利继续走低，而股价也随之走低。在 18 个月内，股票价格下降到还不及斯考特接任时的一半。分析家们也不再为董事会授予斯考特的大量股票期权而抱怨了，因为这些优先权眼看着就要一钱不值了。但是股东们怒气冲冲，恨不得把这个新人的脑袋拧下来。董事们开始怀疑自己是否又一次受到了愚弄。斯考特似乎成为下一个汉斯。怎么会变成这样呢？

    董事会与其高级管理层之间是极容易出现责任病毒的，尤其是与 CEO 之间。

    大多数的 CEO 都发现，与他们的董事会一起工作并不能让股东们和顾客们感到满意。他们感到董事会只不过是需要对付的另一个顾客，因此，它并不能限制他们发挥作用。在我与 CEO 共同工作的 20 年间，还没有发现一个由于极力与董事会作对而被撤职的 CEO。问题并非来自任何棘手的个人关系，或缺乏尊重，而是来自这种关系的性质。

    结果，许多董事会不能代表其股东们行使监管的职能。在公司急剧衰退后，股东们只有无奈地摇头，奇怪地问道："董事们干什么去了？"董事们就在那里，但是他们并没有与经理们建立起一种有效的关系。

    股东们和经理们的利益并不总是一致的。公司监管方的任务就是将这些利益协调起来，这样，经理们才能从由董事会所代表的股东们的最佳利益出发来采取行动。

    监督高层管理人员的表现是很难的，即使是对于那些有才能、有经验的董事们来说，也并非小菜一碟。董事会的成员们需要对公司本身、公司所从事的行业，以及关于公司的监管等方面的问题有深入的了解。[1]

    此外，由于 CEO 常常还是董事会中一位很有影响的成员，甚至可能是主席或者薪酬委员会主席，一旦责任病毒发作，主席与

CEO、其他董事之间，都很有可能会发生争斗。[2]

汉斯与格鲁乌公司董事会的关系问题的开端很有代表性。董事会把他从外面找来，用以取代原先失败的 CEO。格鲁乌公司的股票以前表现得非常稳定，以致被许多个人持股人视为所谓的"孤儿寡妇"型股票。长期以来，它几乎是自主运行，而董事会从来不干涉其工作。当它的表现在前任 CEO 的领导下开始变坏时，董事会在人们的记忆中第一次遭受到批评。羞愧不已的董事会积极介入进来，而且大张旗鼓地到外面物色了一位新 CEO，并对他大加赞扬。由于他们先前的羞愧和痛苦，董事们很高兴地将极高的信任和责任寄托在汉斯的身上。

用责任阶梯的术语来说，董事会在很大范围内向汉斯授予了等级 1 的大权。他能够独自或者在他的管理团队的帮助下做出大多数决定，事后通知董事会就好了。只是对于少数问题，例如大规模的收购活动，根据长期以来的管理办法，要求汉斯先提出建议，并请董事会予以批准，这属于责任等级 2。但是在这样的情况下，董事会就算进行了审查，通常也只是走走形式而已，都会批准通过。自从汉斯上任以来，他所建议的每项收购都得到了通过。

汉斯与董事会的关系已经发展到了这种程度，他从来没有考虑过拿什么等级 3 的问题（也就是提供想法供选择而不是提出建议）或者是任何更低级别的问题去找董事们或个别董事来商量。

董事会通常会与 CEO 形成某种默契，通过接受甚至于鼓励那些责任等级 1 的行为和轻易地批准责任等级 2 的行为来强化 CEO 的所作所为。确实，人们经常批评董事会不管高级管理层提出什么建议都会批准，原因很明显，就是人际关系，而且有时候公开对抗高层管理人员，批评他们的决定，还会带来财务上的损失。[3]

比如，一个董事对 CEO 提交给董事会请求批准的决定觉得有点别扭。除非这位心怀疑虑的董事是前任 CEO（有时会发生这种情况，尽管大多数 CEO 力图不让前任 CEO 进入他们的董事会，一般而言 CEO 对业务的了解要比一名普通董事多得多），否则，这位心怀疑虑的董事在随后的辩论中，更有可能失败而不是取胜。这位董事知道，由于这位 CEO 已经习惯了任何事情都得到批准，并且不喜欢这位心怀疑虑的董事的质询，这必将产生争辩。争辩的结果很可能是形势失去控制，从而无法保持一种理智的态度。很显然，所有上述情况会使得所有到会者感到极度尴尬，特别是对于那个说出了疑虑的董事更是如此。

力图用财务上的好处来改善这种情况，通过授予股票和期权使得董事会成员们感到更像是"企业的主人"等做法忽略了直接的人际关系方面的代价。研究表明，人类有一种倾向，与长远以后可能受到的损失相比，人们更加看重当前可能受到的损失。[4]所以，下个季度或者来年股票价值的损失与眼下立即将一位富有进取精神的 CEO 赶下台的损失相比就变得黯然失色了，而且更糟糕的是，辩论中的失败者会当众下不了台。

所以，尽管这些董事们有着正式的授权，资格老道，他们也不会把自己的顾虑说出来，而是以一种被动的、随大流的方式行事。对于外人来说，这是一件非常令他们感到困惑的事情，特别是在遭遇大挫折之后，他们会问："有那么多大权在握的董事，有那么多的监管程序，为什么董事会不采取行动？为什么坐视不管？都火烧眉毛了，他们怎么还在瞎折腾。"

这个答案就是责任病毒。当董事们退到后面时，CEO 把这种消极的做法看在眼里，并且认定他除了承担更多的责任外，别无选择。CEO 越来越把董事会视为事后诸葛亮，越来越认定他所有的建议都将迅速地不经审查而得到批准。这种情况对于 CEO 来说也很方便。他做到了只赢不输、保持控制、避免尴尬以及保持理智，而董事会也同样达到了这些目标。

然而，随着这种关系方式的推进，问题就逐渐显现出来了。当董事会的默认越来越变成家常便饭的时候，再要提出任何问题就成了一件难事。这保持沉默的传统持续的时间越长，要打破它就越难。这样，董事们就压下了许多使得他们感到烦恼的问题。

CEO 把这些做法看在眼里，更加确认董事会对他的想法提供不了任何有价值的意见。结果，CEO 越来越轻视董事会。而董事会把 CEO 的行为看在眼里，奇怪 CEO 为什么变得如此专横傲慢。

误解和互不信任随着彼此间责任鸿沟的扩大而增长。董事会所承担的责任越来越低于这些董事们的能力，这种对才能的浪费实在是惊人。试想一下这种情况：十来个或更多的 CEO、主席、高级律师和银行家，以及前任政治领导人围着一张桌子坐下，盖橡皮图章的情景吧。这些董事和 CEO 就像在坐等失败来临，好将他们从这种悲剧性的情景中解脱出来。

格鲁乌公司的情况正是如此。由于感觉自己遭到惨败、被气愤的股东剥夺了部分的控制权，以及由于前任 CEO 的失败而带来的深深的羞愧，董事会开始出面了，解雇了前任 CEO，而雇用了汉斯。这样，董事会就从逃避责任一下子跳到了承担过多责任的状态。在把一切托付给了汉斯以后，它又同样快地跳回到逃避责任的状态。从那以后，汉斯发现他很容易抓取更多的责任而让董事会承担更少的责任。董事们感到越来越不安了，但是仍然保持沉默。汉斯在对董事们的素质感到疑惑的同时，变得越发富于进攻性了。

尽管汉斯和董事会双方都力图避免失败、避免失去控制、避免尴尬和避免变得情绪化，但在这 4 年期间，这些事情全都在双方身上发生了。董事会被认为是缺乏监管能力，它承受着那些唱反调的股东们要求改变董事会组成结构的巨大压力。在报纸上和股东大会上它丢尽了脸。汉斯被打上了失败的 CEO 的标记。他在格鲁乌公司独揽大权的做法受到了攻击，商业报纸对他的冷嘲热讽使得他生活在尴尬之中。与往常一样，这些饱受责任病毒折磨的人们的所作所为与他们原先所设想的目标正好背道而驰。

当失败的打击到来时，董事会又突然从消极被动转向了实行微观管理。按照这种新的方式，它禁止 CEO 采取等级 1 的行为，并且常常反对那些责任等级 2 的做法。它通过对 CEO 所提出的建议表示怀疑来做到这一点。通常，董事会或明或暗地要求 CEO 在大多数情况下退回到责任等级 3（向董事会提出想法而不是建议），或者责任等级 4（要求董事会帮助将手头的问题结构化）。

董事们将过去失败的大部分责任推到 CEO 的身上，而使自己免遭更多的责备。他们会指出 CEO 的行为专横傲慢，指责他没有征求董事会的意见，以及不管董事会是否有担心之处就强行要求通过其建议，由此董事会变得相当自满，忘记了自己也要反省。除了少数特例外，董事们根本就不会认识到他们当初的做法是如何鼓励、强化和加剧了他们目前所批评的这些行为。这种健忘症促使相同的现象在一届又一届的董事会里反复发生。

当董事掌握了控制权后，CEO 对于这种新的情况很快就会感到困惑和泄气。CEO 通常对现在董事会坚持要他承担的等级 3 或等级 4 的角色缺乏经验。对于那些一直以来消极被动的董事们，CEO 并不怎么尊重，而这种不尊重是发自内心的，并非出于一时气愤。他们曾经目睹了这些董事们当时是如何例行公事地批准了这些决定而并没有提供任何有价值的意见，如今却又掉过头来批评这些决定。他们可能真的认为这些董事们不能提供什么帮助，并且怀疑这些董事们新近涌现出的热情对股东们的利益并无好处。

CEO 很快就因为董事会所强加的新责任而怒火中烧。在这种情况下，CEO 会认为由于当前的失败和压力，决策的速度和质量都极为重要，而此时却不得不对每个决定一一进行审核。而且他们不得不与那些被自己认作是能力不足的董事们来进行审核的工作。最终，要么是他们感到心灰意冷而辞职，要么是董事会感到无法容忍而将 CEO 解雇了事。

汉斯觉得董事会成员既无知又爱瞎搅和，并且公然地向任何愿意听他说的人散布这样的观点。他认为应该采取激进行动，包括大量裁减员工，而且要毫不犹豫地尽快实行，否则公司是没有出路的。

很快，CEO 与董事会的关系就变得非常紧张，董事会认为僵局已经难以打破了，已经到了寻找一位新领导者的时候了。在得出这样的结论后，董事会几乎一致地谴责汉斯的过失。汉斯傲慢，汉斯不听从董事会的建议，汉斯顽固透顶，汉斯不知道该如何与董事会打交道。在这场危机中，汉斯太鲁莽了。董事们一点也没有想过他们自己该负起什么样的责任，正是因为他们所设下的规定，汉斯才自然而然地走到这一步的。这种不知自省的做法埋下了下一次危机的种子。

基于前任领导者"根本就不能胜任工作"的这一推断，董事会通常会以更高的待遇来寻找新人，因为"要吸引我们所需的人才就要给这么多"。为了吸引他们新的救世主，董事会赋予新人的权力至少也是与上一位 CEO 刚来的时候不相上下。然后董事会又退回到那个安逸的、消极被动的追随者的位置上去。就这样，董事会把责任病毒再次引入到董事会与 CEO 的关系之中，而失败必将再次来临。

格鲁乌公司着手请一家世界领先的猎头公司在全世界范围内寻找新领导。它雇用新领导的优厚待遇足以让老 CEO 昏过去。新的 CEO 刚上任，董事会就立即解散了战略委员会，并把所有的责任统统交到新的 CEO 手里。一切 OK 了，他们对自己说，这家伙确实是个人才，不像那个浑身毛病、专横傲慢的汉斯！

这就仿佛 4 年前的那段往事从来没有发生过似的。如果不加以治疗的话，这种责任病毒就会制造出先授予大权后剥夺大权的无休止循环，而在这二者之间，失败和相互指责也将永无休止地上演。

如何应对董事会的效能问题

如果董事会打算对他们一手创办起来的公司实施成功监管的话，他们必须利用四种工具向责任病毒开战。

1. 责任阶梯

在董事会进行思维以及塑造它与 CEO 的关系方面，这一个关键的工具，而重中之重就是要灵活。董事会必须记住这样一个事实：对于不同的决策来说，责任水平也必然不尽相同。如果对所有的决策都一视同仁的话，CEO 和董事会就可能会养成一个习惯，即什么事都让 CEO 承担等级 1 的责任。一旦养成这种习惯，如果对于某个或某类问题董事会想获取更大的责任，而让 CEO 少承担一点责任，就会出现尴尬的局面。对于这种尴尬的担心会使得董事会退缩并认可对方采取的责任等级 1 的行为，即使董事们认为他们其实应当进行干预。除非万不得已，否则董事们不会违抗 CEO 的意思去承担更高的、更恰当的责任水平。正如格鲁乌公司这个案例所表现的那样，等到了这个时候，恶性循环已经是无法收拾了。所以，董事会必须要确定如何防患于未然，不让责任病毒发作起来。

为了实现这一目标，董事会必须学会以一种不导致尴尬的方式来提高或降低自己在责任阶梯上的位置。这需要练习，要明确向 CEO 提出要求让他们在某些问题上承担等级 3 或等级 4 的责任水平。例如，主席可以要求 CEO 就某个问题提出想法（等级 3）供董事会考虑。这样董事会和 CEO 都能正确理解对什么问题应当怎样看待，当 CEO 遇到一些他不能自己决定的问题时，不至于感到自己的权力被弱化了。对于董事会来说，重要的是，要在没出问题的时候就要求 CEO 来处理阶梯上较低级别的事情，而不是等到危机出现的时刻。因为如果等到出现危机的时候，CEO 会认为（或许是正确地认为）董事会的要求反映出对他能力的不信任。

另外，应该允许 CEO 向董事会寻求帮助，也就是说能够向董事会提交等级 3 或等级 4 的问题而不必感到尴尬，也不至于认为这样做他就输了。当 CEO 面临着具有挑战性的问题的时候，应该鼓励他们向董事会寻求帮助，而且要把这视为有头脑而非无能的表现。具有讽刺意味的是，在格鲁乌公司，汉斯提交给董事会的全都是等级 1 的问题，这使汉斯在不知不觉中被看成一个弱者，而不是一个强者。

无论是董事会还是 CEO，都绝不应当认为不让 CEO 负责等级 1 的决策就是自己失去了控制。为了做到这一点，董事会和 CEO 必须对于责任阶梯方法有共同的理解，并且努力在他们的互动中使用这种方法。CEO 和董事会两方面都应当感到自己有权在责任阶梯上的各个不同等级上运作，并且根据手头问题的不同，选择具体的责任水平。

根据具体情况选择责任等级能够帮助 CEO 和董事会双方根据自己的能力来调整承担责任的水平，避免出现那种承担过多责任和逃避责任的情况，这将会提高他们的决策能力。董事们会更加能干，而 CEO 将会更加优秀。

在一个企业的董事会与 CEO 之间采用责任阶梯法不是一件容易的事情。它最好是通过一位具有改进工作的意识的主席来实现，这位主席不仅热衷于考核董事会工作的成果和方法，而且积极考察董事会所采取的决策流程。[5] 如果主席就是 CEO，这就很难做到了，这也是要将这两个职务分开的理由。

2. 对领导与追随的重新定义

在领导与追随的问题上，董事会与 CEO 的关系从许多方面看来都很奇怪。任何一方都可以被视为领导者，也都可以被视为追随者。董事会可以被视为领导者，因为它有权雇用或开除 CEO，以及为 CEO 确定报酬；但是，CEO 也可以被视为领导者，因为他掌握着大量的实际决策权力。在许多场合里，CEO 也是审计、投资或薪酬委员会中的重要成员，而董事会的一大部分决策权被握在这些委员会的手里。

在许多方面，这一关系都需要根据前面提到过的方法重新定义。正如我们所看到的，重新定义后的领导和追随的目标和地位是一致的，都是为了寻求：

- 通过对话划分责任。
- 根据能力划分责任。
- 责任划分可以讨论。
- 公开检查表现。

在董事会一级，重新定义领导和追随将表明在董事会和 CEO 之间是真正的伙伴关系，其中没有明确的领导者，也没有明确的追随者。他们共同承担责任，然而所承担的责任的内容和等级水平是不同的，具体的划分方法取决于手头的问题本身和各自的能力高低。

这种重新定义能否实现，取决于董事会和 CEO 之间对话的开放程度，而不是个人性格，在责任的划分方面更是如此。有了这种对领导和追随的重新定义，任何一方都不可能、也不会轻易攫取或放弃责任。相反，他们会习惯于承担根据具体情况而做出精确调整的责任水平，而股东们将是这种状态的受益者。

3. 框架试验

即使是怀着最好的愿望，董事会和 CEO 也会有不一致的时候，甚至由此产生隔阂，导致相互不信任。这时，为了进行有效的谈话，董事会必须能够以新的眼光来看待 CEO。

破坏性的框架可能是这样的：

CEO：不顺从、自行其是、不尊重董事会。

董事会：被忽视、不受尊重、遭到轻慢。

任务：让 CEO 规矩一点。

或者反过来：

CEO：软弱、依赖性强、起不到领导作用。

董事会：被迫做出所有的决定。

任务：让 CEO 承担起责任来。

对于上面两种情况中的任何一种，董事会的框架应当变为以下这种样子：

CEO：以一种我们所不理解的方式行事，这将影响我们的信心。

董事会：这种担心或许有道理，但是也可能是因为有什么重要的东西我们没看到，而 CEO 看到了。

任务：与 CEO 展开对话，帮助双方了解形势，必要时采取行动。

框架试验的方法有助于董事会循序渐进地使用责任阶梯，而不是因为害怕 CEO 而不敢根据积极的对话来采取行动，也不必采取单方面的行动。当然，人总是倾向于寻找能够证实自己框架

的证据，CEO 和董事会也是如此，所以说一个巴掌拍不响。如果
CEO 不把框架试验当回事，那么他的行为可能很快就会被董事会
理解为 CEO 回到过去那种不肯合作的老框架中去了。

4. 结构化决策流程

董事会和 CEO 不得不在很高的层次上做出许多复杂而困难
的决定。这些决策通常要经过复杂的逻辑推理过程，很容易造成
误解，这种误解反过来又可能发展成产生消极作用的框架，并导
致恶性循环。

更糟糕的是，CEO 有大量的机会把他的逻辑隐藏在令人困惑
的技术术语之中，而他们也确实经常想要这么做。董事会的成员
们也了解这一事实，因此常常有充分的理由来怀疑 CEO 的政策
建议，不仅怀疑这些政策建议的形式，还怀疑它们的内容。

董事会可以使用"结构化决策流程"问问自己，究竟要满足
什么样的前提条件，才能相信一件事，比如 CEO 的提议。如果
将这些条件明确具体地提出来，那么 CEO 就会理解董事会所要
求的证据的标准。

科学上区分正确的和错误的理论时也使用同样的方法。董事
会可以很正当地坚持要求 CEO 的战略决策应当经受实践检验。
这样，董事会就可以对高层经理（特别是 CEO）进行决策时的逻
辑程序进行检查了。[6]

这总要强过让董事会对自己的思考过程闪烁其词，或者更
糟，就是一个"行"或者"不行"。在充分了解彼此的逻辑之后，
董事会和 CEO 就会更加愿意合作，有足够的信心来批准或驳回
一项动议或建议。此外，双方中的任何一方都不会把另一方视为

单方面行动或企图操纵一切；反之，各方都会更好地理解另一方的思维过程。这还会产生一种额外的好处，就是双方能更好地使用责任阶梯来分摊责任，因为，出于分摊责任，双方都必须了解对方的能力。

通过结合使用上述四种方法，特别是责任阶梯和重新定义领导与追随，董事会和CEO就能够创造出一种流动性的决策环境，在这种环境中，能力能够得到最大程度的发挥，而合作的精神也会增强。通过使用这四种方法，批准错误的决定、造成对组织的损害的概率就降低了。除了发挥当前最大的能力、做出更好的决策之外，采用这些方法而形成的环境将会提高董事会和CEO双方的决策能力。总之，这些方法的使用能将董事会从一个令人无可奈何的论战场变为一个提高管理水平的工具。

与日常生活中的责任病毒做斗争

到目前为止，我们所讨论的责任病毒都是在大机构的高层管理人员之间作祟的，但是在丈夫和妻子、教师和学生、父母和孩子，以及朋友、同事之间，同样存在着这种病毒。

这种病毒通常会产生同样的问题：破坏合作、扩大误解和互不信任，以及造成能力萎缩。在许多方面，其代价甚至更加高昂。当责任病毒在夫妻之间或父母与孩子之间引起误解和不信任时，那就不仅仅是损失利润和市场份额的问题，而是对于人的内心深深的伤害。那就是为什么与日常生活中的责任病毒做斗争和与工作中的责任病毒做斗争一样重要。

万幸的是，那些在机构中与责任病毒做斗争的方法也同样适用于在日常生活中与责任病毒开展斗争。此时使用"结构化决策流程""框架试验""责任阶梯"和"重新定义领导与追随"的方法不会显得那么正式，毕竟它们同样是适用于生活。根据问题的具体情况，这些方法既可以单独地使用，也可以结合在一起使用。

使用责任阶梯进行领导

罗伯特和法拉荷是一对大学情人，他们一起住在剑桥的一间公寓里，罗伯特在哈佛商学院学习，而法拉荷在肯尼迪政府学院攻读学位。在两人一起生活的第一年，他们分头忙于自己的功课。事实上，罗伯特还有一份兼职的工作，所以时间倍感紧张。每天下午三点半课程结束之后，他还要赶去工作，直到晚上七点才疲惫不堪地回到家里。不仅如此，从星期一到星期五他都必须为第二天的课做好案例的预习。

法拉荷所感觉到的压力有所不同。她一点也不喜欢数学课，所以就尽量避免选数理方面的课程。她之所以选择到肯尼迪政府学院上学，是因为她对国际发展有兴趣，总体来说她的专业用不到很多数学的东西，只是在一年级要上一门数学方法的课程。这门课是躲不开的，要想升入二年级，成绩最起码也要拿个 B。问题在于这门课与其他大多数课程不一样，别的课上课堂参与分的比重很大，论文再写得漂亮一点，分数就上去了，而数学课的答案很简单，不是对就是错。不少学生就栽在这门课上。法拉荷感到很气馁，因为她很可能会不及格。

当罗伯特回家的时候，几乎每天都看见法拉荷将胳膊架在餐桌上，用手支着脑袋在做数学方法的作业。罗伯特会拿出第二天的 3 个案例来准备自己的功课，这会花上 3～5 个小时。但是他如此地深爱着法拉荷，不愿意看着她一个人独自努力，尤其是当看到法拉荷一拍桌子，哭着跑回卧室的时候，他更加看不下去了。罗伯特是个数学好手，他知道自己能帮法拉荷。他跑到卧室，把法拉荷拉了回来，从第一个问题开始讲给法拉荷听。法拉荷听着，从罗伯特所讲的方法中明白了不少东西。对于其他问题，罗伯特讲得快了一些，因为现在已经九点半了，而他自己的第一个案例分析刚刚开了一个头。但是，真正的爱情不就意味着陪伴你的爱人，帮助她到很晚吗？

日子就这么过去了，他们也习惯成自然。法拉荷不再靠自己的力量来做数学作业，她每天在罗伯特回家之前先将其余的功课都做完，然后，当罗伯特一进家门，她就把数学方法的作业摊在桌子上，意思是告诉他说，她准备开始做数学作业了。

虽然罗伯特深深地爱着法拉荷，但他开始讨厌这种不管自己多忙多累，都要帮助法拉荷做作业的规矩了。他的功课担子很重，而他的同学中没有一个人像他这样既要打工，又要在自己的功课外还去做另一份功课。他开始更快地讲解，有什么问题都一语带过，也不再理会她探询的表情。法拉荷感觉到了他的恼怒，但并不知道原因。法拉荷知道罗伯特有许多功课要做，所以就决定由着他尽快讲，好让他尽快去忙自己的事情，虽然这意味着不提问题，而且有时候还会跟不上他的思路。

罗伯特也为她的行为感到困惑。"她怎么就不知道自己看看书呢？"他很奇怪，"我讨厌成为法拉荷这门课的替身。这个专业要上这门课肯定是有道理的。如果她就那么坐在那里看着我来解这些题，那么她什么也学不到。上帝知道，我本来可以利用这些时间来准备我自己的功课。我倒是还马马虎虎过得去，可是托尼、艾利克和桑加这些家伙的准备工作比我充分太多了。我搞不清楚法拉荷究竟是真的想学这个专业，还是为了给她的简历增添些光彩。"

法拉荷的那些课外作业发下来的时候分数都能及格，但是到了期中的时候，她的数学方法课得了个C，不及格。这比所有的课外作业加在一起还要重要。这样一来，总成绩也成问题了。罗伯特的担心恐怕是要成真了。他比法拉荷更加努力地去学这门课，但是他总不能去代替她参加考试吧。这个办法行不通，而且对于他们的关系也毫无帮助！

罗伯特和法拉荷感染了家庭型的责任病毒。当法拉荷第一次退缩时，也就是在卧室里掉眼泪时，罗伯特就急急忙忙地上来帮助她解题。他不是小心地、最低程度地承担责任，而是立即就冲了上去，承担起了责任。当他越来越担当起领导的角色时，她则越来越后退，直到他感到是他自己在做这些作业，而她却感到越来越糊涂。就这样，罗伯特开始怀疑起法拉荷的学习动机和目的，而法拉荷开始看到罗伯特的急躁、爱讥讽人的一面。她以前从来没有见过他这样，而且很不喜欢他这个样子。结果数学方法这门课不是使他们更加接近了，而是使他们彼此疏远了。

那么期中考试得了C，他们该怎么做呢？他们可以使用责任阶梯这个工具。

罗伯特可以先开口说："法拉荷，我理解我对于这个C有责任。我一直注重帮你解题，而没有注意帮助你学习。当然，帮助你学习才是关键。从今以后，当你遇到困难时，我打算尽量少地直接动手帮助你，把其余的部分留给你自己去完成。这样你可以学得更快。有时候你是在就题解题，但是我觉得你不知道如何去考虑它，这是一个概率问题，还是一个分布问题，或是一个最优化问题？有时候你对问题理解了，但是不知道用哪种数学方法来解。还有的时候你知道这是什么问题，也知道用什么数学方法来解，但是你算不出来。你越能做到不依靠我，自己动手解决，你就会学得越好。

我们来竖一个梯子，当你卡壳时，看看你的问题在哪一级上。比如，最低一级是不理解题目，第二级是不知道用哪种数学方法，第三级是不会计算，而第四级是不知道答案对错。或许还可以有别的等级。我将只是在你遇到困难的那一级上帮助你，而其余工作由你自己去完成。我们可以做个记录，看看你凭借自己的力量能够在这个梯子上爬多高。如果你遇到困难的时间越来越靠后，我们就知道你已经有了提高，你就会对考试更有信心。如果你总是在较低的级别上遇到困难，我们就会知道你需要更多的帮助。"

由罗伯特发起的这个行动使他们能够用一种更加精确的语言来讨论法拉荷究竟需要什么样的帮助（法拉荷也可以发起同样的建议，但是由于她处于逃避责任的状况，她可能没有能力想出这个建议，更不用说有勇气来提出建议了）。倘若他们能够采用这种改良的责任阶梯，他们会发现自己能够以一种更为合作的方式来一起学习，而且双方也能够更好地理解法拉荷需要些什么才能取得进步。

在这个情况中，利用责任阶梯进行领导的方法之所以能取得成效，是因为问题的症结在于责任分配不合适。其实这里面也有缺乏合作决策的能力以及领导的定义有误的问题，只是相比之下不那么明显。

然而，如果双方误解甚至互不信任的程度很深，或许就有必要进行框架试验。如果罗伯特确信法拉荷不重视学习，只想要罗伯特为她做作业，那么他就无法精心构思出前面所提出的建议了。相反，他在使用责任阶梯方法之前，将不得不先改用积极的框架来重新看待法拉荷（如果法拉荷采取主动的话，也同样如此。她或许要重新看待罗伯特，不把他当作一个急躁的、嘲讽的、傲慢的人，这样才有可能提出建立责任阶梯的建议）。

使用结构化决策流程进行领导

蒂姆和温迪是一对律师夫妻，他们有两个孩子，年龄分别为8岁和11岁。蒂姆是一家大公司的诉讼代理人，而温迪是一家监管机构的企业证券律师。现在他们的房子不够住了，温迪特别想再买一所大一些的房子。蒂姆也同意买房子，但事实上他的看法有很大的不同，他并不认为现在住的房子真有温迪想的那么糟。

温迪选定了一家房产代理商，但是由于蒂姆正在忙于一桩很大很紧迫的案子，所以第一次见面的时候他没有去。他让温迪替他去，可温迪认为蒂姆应当参加会面。温迪不想再拖下去了，所以她把疑虑搁在一边，定下了见面时间。

在会面时，两个女人就价格范围、位置和房子的类型进行了一番讨论，然后代理商就开始联系，并且安排温迪去看10处房子。温迪抽了一天休息时间看了所有的房子，但是蒂姆有好几个会要开，只能挤出几个小时的空闲，所以他只看了两处房子，并且他对这两处房子都没看上。在这两所房子中，有一所温迪也看不上，她认为那房子太难看，但是另一所她很喜欢。她圈出了四所房子，觉得值得拉上蒂姆一起再去看一看。但是她并没有把被蒂姆否决的那所房子算在里面。

随着蒂姆的案子进入到冲刺阶段，安排看房子成了一件让他头痛的事情。等到他们定下了时间，一处温迪最看好的房子已经被卖掉了。这时她感到很恼火。"我并不是没有工作，我的时间也不多，"她想，"我把假期也搭进去了，还打了多少个小时的电话，现在最好的两所房子之一就在我们的眼皮底下被卖掉了。蒂姆真是一点也不帮忙。"

他们看了剩下的三处房子，蒂姆认为都不值得买。第一座房子的街道太乱，第二座距离地铁太远，而第三座房子"就是不好"。

第三座房子看完时，温迪的脸都青了，而房产代理的眼珠子也直往上翻，因为在最初见面时，可没有讲到蒂姆刚才所提出的那些标准。温迪为她所喜欢的房子辩解着，而蒂姆满脸的苦相，说不能再陪她了。

蒂姆急匆匆地赶回办公室去，留下温迪和房产代理两个人。"我们什么也没办成，"温迪叹气说，"我不打算再像这样浪费时间了。这么好的房子，他还挑三拣四地不满意。也不知道他哪来的那么多理由。我看他是根本就不想搬，所以看什么房子都不顺眼。"

"说句不好听的，"代理说，"我也没有时间再这么折腾了。我想，你们两人需要先拿定主意，到底是要买还是不要买。"

温迪想了一会，回答说："别担心。我就去告诉蒂姆，他太忙了，就把这件事交给我好了，我会考虑他的意见和要求，到时候我来找你。"

"行！我等你的消息。"代理回答说。但是她私下在想，当这两个人商量的时候不知道要吵成什么样呢！

就如同在同事之间一样，夫妻之间的协作精神也会遭受责任病毒的破坏。温迪当初看到蒂姆退缩的时候，她攫取了大多数的责任，同时怨恨蒂姆在这么重要的事情上不帮忙。但是，接着她又承担了更多的责任，而蒂姆再一次退缩。

问题在于，温迪不知道蒂姆对房子的最大期望是什么，然而就如同我们大多数人一样，她也不善于猜谜。蒂姆可能不喜欢她挑的房子，或者对于被牵着鼻子走感到不高兴，但是，他毕竟是拒绝了所有的选择而没有清楚地说明他的理由。

做出生活中最紧迫、用钱最多的决定，这特别需要有合作精神，但是责任病毒破坏了这种合作。要做出一个好的决策，蒂姆和温迪应当一起讨论，对房子的要求达成一致意见。单独一个人是无法决定所有要求的。蒂姆越来越向后退，他不发表自己的个人观点，别人也无从知道。而温迪则填补起这个责任的真空。他们走到了两个极端，责任病毒又导致了相互的误解和关系紧张。最后，温迪甚至更进一步，抹杀了蒂姆可能发挥的作用。

然而，温迪可以使用各种"结构化决策流程"使蒂姆参加到这个考虑的过程之中来，而不是将蒂姆完全推到一边。她可以采用如下办法来发挥领导的作用：

"蒂姆，我看我们对于房子的选择标准还不是很明确，所以还不能开始下一步的工作。我们可以从我们都看过的几处房子中，试着先挑出比较合适的来。我们的钱不够，买不起能满足所有条件的房子。例如，为了得到合适的面积和质量，我们可能不得不接受稍微闹一点的位置。如果我们先确定四五处房子，那么我们就可以全面地考虑一下符合哪些条件的房子更好一点。我的意思是说，或许如果一座房子有三间卧室和车库，而且在我们搬进去住以前所花的装修费用低于 25 000 美元，那么外面吵一点我们也可以接受。也可能所有这些方面都比不上安静更重要，那么我们就可以确定一个标准，这个位置到底要安静到什么程度。

我认为，如果我们能花一点时间共同挑选几处比较好的房子，并且反思一下我们的感觉，我就能根据这些综合条件来更好地考虑我所看到的房子了。这样，当我带你看我认为是值得考虑的房子时，你就不会大失所望，而我也不会因为你什么都看不上而感到沮丧了。这样的话，每次我们否决一处房子，都能学到一点东西，可以进一步改进我们的决策流程。"

温迪的这种做法可能会创造出一种合作式的谈话，这有助于他们理解双方的整个思考过程，他们可以很好地了解彼此的偏好。如果不通过这种方法，他们要看过很多所房子之后才会明白过来，或者可能永远也明白不了。这种隐藏的思维逻辑，可能会使蒂姆以一些温迪从来就不知道的理由而拒绝所有的房子，或者，这为猜想出一些极坏的理由（例如，蒂姆其实就是不想搬家）创造了肥沃的土壤。

除了能增进理解和加强合作以外，这种方法还具有让蒂姆承担更多责任的作用。尽管在本案例中让温迪担负主要的责任或许是恰当的，但是，使用结构化决策工具可以防止她做过头。

然而，如果温迪怀疑蒂姆根本就不想买房子，那么她就不大可能使用结构化决策流程或责任阶梯。如果误解已经很深了，她或许需要采用框架试验来进行领导。

使用框架试验进行领导

伊莱扎和托莉是自行车远足的好伙伴，自从她们在大学里成为室友以来，不管日晒雨淋，她们总是在隔周的周六进行自行车远足，这里的海湾景色优美多变。

她们俩中，伊莱扎比较有条理、果断，而托莉则比较随遇而安。因此，通常总是由伊莱扎提出旅行的路线，包括时间安排和吃午饭的地点。一般情况下，托莉的回答总是说："行！挺好。"当伊莱扎问托莉对她的方案还有什么补充意见的时候，托莉的回答总是："无论你怎么安排都行。"

到了一定的时候，伊莱扎就不再征求托莉的意见，而只是用电子邮件通知托莉会面的时间和地点，托莉也从未失约。托莉不像伊莱扎那么壮，有时候骑行的路线对于她来说难了一点，但是托莉很少抱怨。

有一次星期六，当托莉在约定的时间到达约定的地点时，发现来的不光是伊莱扎一个人，还有伊莱扎的朋友海伦。这使得托莉有些担心，因为海伦比伊莱扎更加强壮，她知道这将是一次费力的旅行。她也担心不能像以前一样和伊莱扎肩并肩地骑着车畅谈两个星期以来的事情。

结果表明，这条路线不是那么难，但是对于这三个人来说，也并不那么好玩。三个人并肩骑车占的路面太宽，所以总是要有一个人落单。然而随着时间流逝，伊莱扎的朋友越来越多，有些旅行似乎主要是为了这些新来的人，而不是为了托莉而安排的。而伊莱扎甚至从来也不问问托莉的意见，她总是认为托莉不会有意见。看起来她越来越专横了。她只是用电子邮件发个命令，也不同托莉商量。

托莉也不知道还有谁来参加旅行，伊莱扎也不考虑她是否愿意她们参加。以前她们亲密无间，而现在，伊莱扎正在变成为一个专制、蛮横的女人，骑车旅行原本是她们共同的传统，现在是她一个人说了算。

托莉开始找借口不参加这样的旅行了。伊莱扎感到很奇怪，而且托莉不在身边，她总觉得若有所失似的。她鼓励托莉不要推辞了，一起来吧，托莉却感到伊莱扎好像是在对她指手画脚，这使得她更不爱参加了。伊莱扎也不习惯托莉那种尖刻的回答，并且感到奇怪的是，托莉的借口明明站不住脚，还那么硬撑到底。

责任病毒又一次发作了。托莉处于完全逃避责任的状态，而伊莱扎则承担了过多的责任。托莉每次都同意旅行的安排而不发表任何意见，而伊莱扎则把这种做法视为托莉完全不在乎怎么安排旅行。事实上，托莉是在乎的，只不过是不像伊莱扎那么在乎罢了。托莉确实是非常喜欢伊莱扎对于旅行路线的选择，以致她认为没有任何东西还需要做进一步的讨论。就是因为她们漫不经心地发出和接收了这种信号，伊莱扎就越来越多地单方面做出决定。有一次，她偶然间违反了一条托莉认为很重要的规则，即在旅行中应该只有她们两个人。但是到目前为止，一直都是伊莱扎在制订所有的计划而从来没有想过要询问托莉的意见，因为她长期以来一直认为托莉不会有什么意见。

托莉开始建立起了这样一个框架：

自　我：被老朋友不当回事，遭到忽视。

伊莱扎：盛气凌人、不照顾别人、从前的好朋友。

任　务：使自己远离这种已经变得不友好的关系的伤害。

伊莱扎则是这么看的：

自我： 尽职的骑车旅游组织者，但别人并不领情。

托莉： 越来越难以理解的人，她似乎在隐瞒着什么事情。

任务： 摆脱这个招人烦的人。

在这种双方互相伤害和误解的情况下，框架试验对她们会有帮助。托莉可以抱着这样的想法去见伊莱扎：

自　我： 隐藏了我的真实感觉，或许加深了误解。

伊莱扎： 和以前一样在努力计划和组织旅游，或许完全没有意识到我对于骑车旅行越来越不感兴趣了。

任　务： 努力去更好地理解伊莱扎的想法，告诉她我的想法，希望能恢复那种亲密无间的关系。

由托莉领导的框架试验可以使她能够接近伊莱扎，使伊莱扎做出建设性的回应，并且开始解开那日益强大的误解之网。它能够在两个老朋友之间开展一次对话，使托莉在计划和组织郊游方面承担起适度的责任；同时，它也能帮助伊莱扎明白，对于托莉来说，她们之间的关系是最重要的。最后，它还可以帮助伊莱扎理解，正是由于她承担了过多的责任，她才陷入了麻烦。

在这个案例中，由于情绪上的冲突已经产生，采用框架试验或许是必要的。如果一开始就使用结构化决策流程和责任阶梯可能不会奏效，因为首先需要缓解的是情绪问题。

使用重新定义领导与追随的方法进行领导

拉里和特鲁迪结婚已经 12 年了。特鲁迪是个天才的室内设计师，她在色彩和空间感方面特别出名。她是自由职业者，因为她从不喜欢大企业的种种限制。拉里在一家工程咨询公司工作，他最近成了该公司的合伙人。

在拉里的大工作室里有一个帮手，而特鲁迪的工作就不那么容易打理了。要为合同寻找资金，要给工人付工资，要收账，要编写建议书，等等。拉里总是看到特鲁迪对着家里办公桌上堆着的文件犯愁。不用说，那一定是银行、国税局或客户发来的信件，保准又有麻烦事了。这时，拉里就会立即插手，一手把问题统统处理掉，通常都是些未付的账单、缴税通知，以及合同等积压待办的事务。对付这些工作通常要花费很长的时间，常常要占用睡觉和周末休息的时间。

有时候，解决这些问题需要和供应商或客户展开艰苦的谈判，而每当特鲁迪听到对方的抱怨时，她总是问拉里为什么他的态度那么过激。而这时候拉里总是会发脾气："如果你做事情能有点长远考虑的话，我就没有必要来管这些事了，也就不会让任何人不高兴了。但是你就只知道室内设计。"

然而，当危机过去之后，特鲁迪就如同往常一样回去做她的工作，而拉里也去做他的事情，但他心里清楚，不久之后，他就要再一次扑向即将爆炸的手榴弹，他根本就无力避免下一次危机。

在这个责任病毒案例中，情况看来是这样的：

（1）危机始终存在。

（2）特鲁迪没有培养出避免危机的必备技能。

（3）拉里将会越来越讨厌总要帮助特鲁迪摆脱危机，即使她批评他的处事方法。

（4）特鲁迪越来越讨厌拉里对待她的态度。

到了一定的时候，或者是拉里实在烦透了，拒绝再帮忙，那时就会出大问题；或者是他处理这种危机，导致自己生活中的其他方面遭受失败。

对于双方来说，重新定义他们各自困境中的角色或许能有所帮助。除非拉里能重新定义什么才是有价值的领导，否则没有什么好办法。拉里目前的定义中充满了常见的破坏性因素：

- 当危机出现时，由他单方面地分配责任。
- 在努力克服危机时，他来承担所有的责任。
- 在他处理危机时，对于他决定如何去做不进行任何讨论。
- 他自己检验自己的表现，如果特鲁迪对此做出任何批评，他就会怒气冲冲。

所有这些都是古典的"男子汉"式的领导的特征，然而从长远来看，它们并不能提供有意义的帮助，对于特鲁迪来说更是如此。

为了摆脱他们这种恶性循环的趋势，拉里需要对领导另外下一个定义：

- 为了克服危机，在分配责任时，他应当与特鲁迪一起讨论两人分别应当做些什么。
- 他在与特鲁迪划分责任时，应当能够对特鲁迪的能力提出更高的要求，从而使她学会在将来如何避免这样的危机。
- 他在进行责任分配时，始终都应当允许在两个人之间进行讨论，而且他应当使他自己和特鲁迪的表现经受彼此以及外部客户的检验。

如果他采取了这种新的立场，他对特鲁迪的态度就会大不一样，这种以学习为导向的方法会使特鲁迪更有效地进行追随。他们不再是各自为政，相互隔阂，这种新的定义会使拉里和特鲁迪之间变成真正的工作伙伴，他们两人间的关系也会得到加强。两个人就能相互学习，特鲁迪可以从拉里那里学到管理的技巧，而拉里可以从特鲁迪那里学到与人相处的方法。

另一种办法是特鲁迪采取主动来重新定义追随的概念，这就像一种催化剂，会使拉里的领导角色发生积极的转变。在这种情况下，让特鲁迪采取主动或许要困难得多，因为特鲁迪从来没有学过管理和财务方面的技能，她可能会不敢迈出第一步。

重新定义了领导和追随之后，可以进一步使用责任阶梯。拉里和特鲁迪可以使用这个方法来划分各自的责任。在划分责任时，要着眼于提高特鲁迪的管理技能，以便她最终能够独立地掌管自己的业务。

正如我们所看到的那样，日常生活中的责任病毒也完全可以利用那些为大公司而设计的方法来加以遏制。"结构化决策流程""框架试验""责任阶梯"和"重新定义领导与追随"这几种方法可以单独使用，也可以结合在一起使用。它们会带来更好的合作，修复紧张或受到损害的关系，并且加快相关各方的学习速度。

发现并消灭责任病毒

越怕越败

东欧有句谚语，意思是说越是怕什么，就越是来什么。偏偏就是因为对失败的恐惧，人们才会做出招致责任病毒的行为，而责任病毒又会带来人们最害怕的失败。这是个恶性循环：对失败的恐惧带来更多的失败，由此就源源不绝地产生更多的恐惧和更多的失败。

我们当前用来克服对失败的恐惧的方法，会影响我们能力的发挥，使我们不愿与人合作，而他们本来应该是我们的重要伙伴。责任病毒还会破坏沟通，造成人们的互不信任与误解。这不仅会破坏我们与他人的关系，而且使我们进行决策的能力和与人合作的意愿逐渐萎缩，导致我们的技能水平下降。在责任病毒的影响下，我们无法从失败中学到东西。我们会在同一个地方反复栽跟头。

由此而带来的损失难以估量，因为当责任病毒开始导致失败、破坏协作、造成误解、使能力萎缩的时候，我们无法了解究竟发生了些什么，所以我们也无从得知自己究竟失去了什么。我们会沉迷于自己的错觉，放弃大量与别人合作的机会。我们反而能够接受疏远而别扭的关系，却无法接受真正亲密而对人尊重的关系。这样的感觉好像还很不错，但实际上问题很大。我们的能力会降到比自己的真正水平低很多的地步，而自己还不以为然。

究竟是什么导致我们对失败如此恐惧，以至于采取这样的消极手段来避免失败呢？那就是只赢不输、保持控制、避免尴尬和保持理智。这些价值观来自我们的内心，又得到我们的文化支持。

面对恐惧，我们经常是采取极端的行动，而不是先仔细权衡。我们可能会被自己万一失败的场景所吓倒，于是自己承担远远低于自己能力水平的责任，而让别人去承担高于他们能力水平的责任。也有可能我们被他人万一失败的场景所吓倒，于是我们承担超出自己能力水平的责任，而导致别人的能力逐渐萎缩。

我们也有相应的工具可以与责任病毒的影响相抗衡，从一开始的关键阶段就斩断病毒的魔爪。"结构化决策流程"可以帮助我们共同合作，因为它能够防止我们在面临失败威胁时试图去攫取更多的责任或者逃避责任。如果我们在合作中遇到了问题，就可以使用"框架试验"来进行弥补。这是一种用于补救的工具，可以用来在紧张的情势下进行积极的对话。"责任阶梯"则是一种用于个人发展的工具，我们可以用它来避免责任病毒的影响，同时逐步提高自身的能力。除此之外，通过"重新定义领导与追随"，我们还能够避免对各方角色做出破坏性的定义。

一个巴掌拍不响

当我与别人讨论如何消灭责任病毒的时候，几乎每个人都会在自己的生活中发现责任病毒的影子，但是他们总是问："可我又能怎么办呢？我改变自己的行为又有什么用？这就像一台大机器，我只是一个小齿轮而已，我再变，别人也不当回事，尤其是那些比我权力大的人。事实上，他们很可能得寸进尺。他们可能想要自己'赢'，而我却要输到家了。"

乍看起来，用这些工具来对抗责任病毒似乎难上加难，但事实并非如此。因为根据责任的静态守恒原理，同样是一个巴掌拍不响。承担过多责任的领导者与逃避责任的追随者，可以说是谁也离不开谁。双方都是因为对方而扮演起现在的角色的。

问题的关键在于，不论情况如何，我们每个人的手中都掌握着制止责任病毒的力量。我们所要做的就是拒绝承担过多的责任或逃避责任。只要我们自己不中计，领导者就不会承担过多的责任，追随者也不会逃避责任，责任病毒自然就不会发作了。

只要我们能采取积极的行动，就能让我们的同事承担起适度的责任，而不是走向两个极端。他们对我们的看法也会改观，尽管他们自己可能也不知道为什么。如果我们以积极正面的眼光来看待他们，他们就会感到我们提出的问题和做出的举动都是对他们有好处的。只要我们能够在责任阶梯上稍作调整，这个世界就会好很多。

随着我们每进一步，我们进行建设性的责任会谈的能力都会增强，同时我们帮助别人进行这种会谈的能力也会增强。每次我们无畏地面对失败，都会学到如何积极地对待失败，以及如何提高我们自己的能力。随着我们的经验和信心的增长，我们自己、我们周围的人和我们所属的组织，都会迎来自身增长的良性循环。

对主导价值观的反思

利用这四种工具，我们就能成功地打败责任病毒。但是，这四种工具也仅仅是抵消了主导价值观的负面影响而已。

更好的办法是对造成负面影响的主导价值观进行反思和调整。但是说来容易做来难，在我们的社会中，主导价值观无处不在。[1]实际上，在很多情况下如果没有它们，我们根本就无法沟通，无法协调我们的行动。[2]

这四种工具都认识到主导价值观的存在和它们所造成的负面影响。结构化决策流程认识到，团队中的人受主导价值观的影响。这个工具可以用来防止团队成员感到自己输了、情况失去控制、过于情绪化或者会遭遇尴尬的局面。这样，这个流程就避免了破坏性的行为，鼓励了建设性的行为。建设性的行为方式可以减轻团队对失败的恐惧。这又反过来使团队的决策工作更加富于建设性。尽管如此，主导价值观并未被消除，仍蠢蠢欲动。

与之相类似，框架试验认识到，试验中的各方都是因为相同的主导价值观而采用了消极的框架。框架试验力图让各方暂时放下自己的消极框架。由于主导价值观根深蒂固，框架试验也只是要各方在一小段时间里采用积极的框架。

　　责任阶梯采用循序渐进的方式，利用更有效的语言表达方式来克服领导者与追随者对责任的极端态度。这种有害的极端态度也是传统的主导价值观所造成的。重新定义领导与追随，则是用比较积极的思维模式代替消极的主导价值观。所以，这几种工具都能够抵消只赢不输、保持控制、保持理性、避免尴尬这几条主导价值观的影响，却无法撼动价值观本身。通过使用这些工具，我们可以得到更加积极的框架、行为，以及更好的结果，但是幕后的主导价值观依然存在。最终的解决办法就是用更积极、更富于建设性的观念取代主导价值观。

明智的决定与只赢不输

　　我们应该把做出明智的决定视为追求的目标，而不是只追求"赢"。至于这个明智的决定究竟反映了谁的观点并不重要。要做出明智的决定，我们就必须进行对话，而不能单方面地采取行动。单方面的决策无法了解和考虑到他人的资料、见解、经验和利益，最终的决定不会是最好的。只有抑制住自己想要赢的冲动，展开对话，我们才能做出更可靠、更明智的决定。

　　在进行责任划分时，同样要用"明智的决定"来取代"只赢不输"这条主导价值观。"只赢不输"使我们不与别人商量，就单方面地攫取更多的责任或者放弃责任，进而导致责任病毒的产生。把"明智的决定"作为主导价值观使我们与其他各方进行对话、讨论划分责任的最佳方式。或许对话后得出的结论并不理想，或者并未体现出我们的立场，但是我们交换了资料与见解，这本身就十分有益。

真心支持与保持控制

控制欲使我们要么攫取责任，把握一切；要么放弃责任，近乎什么都不管。它还促使我们单方面做出决定，而不去听取别人的宝贵意见。

如果我们能抑制住自己保持控制的欲望，转而以发自内心的支持为目标，我们就可以与别人进行真正的对话和思想交流。不单方面做出决定而是进行对话的结果，就是我们能够更好地划分责任，决策也能够照顾到双方的想法。这样一来，领导者与追随者就不是互相打哑谜了，而是真心实意地支持最终决策。这个决策是通过他们之间开诚布公的对话得来的。

公开检查与避免尴尬

如果我们通过单方面承担过多或过少的责任的办法来避免尴尬的谈话，那么就只能得到错误的责任划分和错误的决策，而且还会导致疏于职守。

我们从来不挖掘、研究或讨论那些关于决策与表现的资料，而通过这些资料我们本可以学到很多东西，提高自己的技能。一切只因为这可能给评估与被评估的各方带来尴尬。

如果把我们自己和别人的所有决定都拿出来进行公开的检查，这确实可能会带来尴尬，但是它也会带来更好的决策。说到底，天底下最尴尬的事情莫过于亲眼看到自己错误决定所带来的恶果。如果我们费尽心思决策，效果却不好的话，公开检查能够帮助我们从错误中学习、提高，从而不会再犯相同的错误。

表露真心与保持理智

我们总是试图保持理智，而这是错误的。我们害怕对自己的情绪失去控制而导致尴尬，所以就把自己的真实感情隐藏起来，只从理性的方面针对手头的问题展开讨论。没有任何交流或者决策能够百分之百地保持理智，一点不受情绪的影响。我们只是装得好像不受影响似的，而这种装腔作势会使对方摸不着头脑。他们知道在我们理智辩论的背后其实就是感情。于是他们只好猜测我们的真实感情究竟是什么样的。

他们能够感到我们压抑着的情绪有不好的一面——感到无助、被出卖、孤独、失望等。所以，猜测导致误解，误解导致互不信任。当别人压抑他们的情绪的时候，我们也会猜测、误解，甚至不信任对方。压抑自己的情绪这种行为本身就是不可能成功的，而这种压抑又会给我们带来失败。

如果我们允许自己表露真心，就能够在思考过程中加上自己的情感因素。这样，别人就能够更好地理解我们，也会鼓励他们表露出自己的真实感情，我们也就能更好地理解他们。如果我们试图一味压抑自己的情绪，在我们的内心深处就会产生强烈的负面效应；如果我们不再压抑自己对某个问题、某个决定或某次交流的感觉，就不会出现这种情况了。

在明智的决定、真心支持、公开检查和表露真心的主导价值观的指导下，我们就能形成真正的交互关系。在这些价值观面前，极端反应将会彻底消失，我们将承担合适的责任，而不是承担过多责任或者逃避责任。我们的决策将是经过深思熟虑的，而不是自己的第一反应。决策之前和之后我们都将认真思索。思考和承担适当的责任水平将使我们的能力得到发展而不是逐渐萎缩。

　　只要遵循这样的价值观，我们不仅能够帮助自己，还能够保护别人不受责任病毒的危害。我们使他们在责任问题上不再倾向于走极端，而是承担起中等水平的责任，这样才会有更好的效果。所以，这些新的价值观不仅对我们自己有利，而且对别人也有利。

　　尽管有这么多的好处，由旧的价值观转换到新的价值观的过程不可能是一蹴而就的。那种一次性解决战斗的想法完全不切实际，甚至可以说是荒唐的。我们要利用那四个工具建立信心，认准正确的方向，并循序渐进。这些工具将在新的价值观指导下促进和帮助你进行决策和责任划分。

生活在前沿

　　选择了新的主导价值观，就是选择以我们的实际能力的上限投入生活。这种新的生活方式会带来失败，但这是一种不同的失败，比责任病毒造成的失败要好得多。责任病毒会造成能力与责任的严重错位，这是一种无望的失败。新的主导价值观所造成的失败，将是我们能力上限的失败，失败的原因是我们把责任水平定得太高了。从这种失败中我们能学到很多东西，因为我们将会对此进行分析与思考，而不是被恐惧吓倒。

　　通过学习我们能够提高自己的能力。最高层次的自我实现就来自随着时间的增长而不断提高自己的能力，对于我们每个人来说都是如此。但是这也意味着我们要承担一定水平的压力。同时我们还要欢迎别人来检查自己的表现，而不是加以抵制。压力会防止我们逃避责任，而检查会使我们不敢承担过多的责任。

如果一个组织中有很多人都采用了新的主导价值观和对领导的新定义，而且使用了更精确的语言来表述责任，那么它就会欢迎而不是抵制各种竞争，因为这样才能对其成员的能力提出更高的要求。这个组织中的领导者将会忙于应对竞争而不会承担过多的责任，追随者则努力拓展自己的能力，对领导者的工作进行认真细致的检查。这样的组织将有能力一口吞掉那些落入了责任病毒魔掌的组织。

我们每个人都能启动一个连锁反应，而连锁反应的能量和影响都是巨大的。我们手中充满着力量与权力。

注　释

导　言

1. Janis, I., and R. Mann, *Decision Making*, New York: Free Press, 1977.

2. Festinger, L., *A Theory of Cognitive Dissonance*, Illinois: Row and Peterson, 1957.

3. Hegel, G. F. W. (1809), *Phenomenology of the Spirit*, (G. Miller, translation), Princeton: Princeton University Press, 1978.

4. Langer, E. J., *The Psychology of Control*, Beverly Hills, Calif.: Sage Publications, 1975.

5. Janis, I., *Groupthink: Psychological Studies of Policy Decisions and Fiascoes*, Boston: Houghton Mifflin, 1982.

6. Asch, S., "Opinions and Social Pressure," *Scientific American*, November 1955.

第 1 章

1. Langer, *The Psychology of Control*, 1975.

2. Gilovich, T., *How We Know What Isn't So: Fallibility of Human Reasoning in Everyday Life*, New York: The Free Press, 1993.

第 2 章

1. Numerous works by Chris Argyris can be accessed to understand his thinking on governing values, defensive routines, and pat-

terns of reasoning. Four recent books provide excellent background:

Argyris, C., *Overcoming Organizational Defenses: Facilitating Organizational Learning*, Boston: Allyn & Bacon, 1990.

Argyris, C., *Knowledge for Action*, San Francisco: Jossey-Bass, 1993.

Argyris, C., *On Organizational Learning*, London: Blackwell, 1993.

Argyris, C., *Flawed Advice and the Management Trap: How Managers Can Know When They're Getting Good Advice and When They're Not*, New York: Oxford University Press, 1999.

The following five articles/book chapters provide earlier analyses of these issues:

Argyris, C., "Reasoning, Action Strategies and Defensive Routines: The Case of OD Practitioners," in *Research in Organizational Change and Development*, New York: JAI Press, 1987.

Argyris, C., "Making Knowledge More Relevant to Practice: Maps for Action," in E. E. Lawler III et al. (eds.), *Doing Research That Is Useful for Theory and Practice*, San Francisco: Jossey-Bass, 1985.

Argyris, C., "Dealing with Threat and Defensiveness," in J. Pennings and Associates (eds.), *Organizational Strategy and Change*, San Francisco: Jossey-Bass, 1985.

Argyris, C., "How Learning and Reasoning Processes Affect Organizational Change," in Paul S. Goodman and Associates (eds.), *Change in Organizations: New Perspectives on Theory, Research and Practice*, San Francisco: Jossey-Bass, 1982.

Argyris, C., "Do Personal Growth Laboratories Represent an Alternative Culture?," *The Journal of Applied Behavioral Science*, Volume 8, No. 1, 1972.

2. Greenwald, A., M. R. Leippe, A. R. Pratkannis, and M. H. Baumgardner, "Under What Conditions Does Theory Obstruct Research Progress?," *Psychological Review*, 93: 216–229 (1986).

第 3 章

1. Aronson, E., *The Social Animal*, Englewood Cliffs, N.J.: Prentice Hall, 1993.

第 4 章

1. Smith, A. (1793), *Inquiry into the Wealth of Nations*, New York: Penguin, 1982.

2. Von Hippel, E., *The Sources of Innovation*, New York: Oxford, 1988.

3. Baum, J. A. C., and F. Dobbin, "Economics Meets Sociology in Strategic Management," in *Advances in Strategic Management*, Stamford, Conn.: JAI Press, 2000.

第 5 章

1. Klein, M., *New Directions in Psychoanalysis*, London: Tavistock, 1955.

2. Jaques, E., *The Changing Culture of a Factory*, London: Tavistock, 1951.

3. Nickerson, R., "How We Know—And Often Misjudge—What Others Know: Imputing One's Knowledge to Others," *Psychological Bulletin*, 125:737–759 (1999).

4. Fiske, S., and S. F. Taylor, *Social Cognition*, New York: McGraw-Hill, 1991, and Festinger, *A Theory of Cognitive Dissonance*, 1957.

第 6 章

1. Locke, E. A., and G. P. Latham, *Goal Setting: A Motivational Technique That Works*, Englewood Cliffs, N.J.: Prentice Hall, 1984.

2. Csikszentmihalyi, M., *Flow: Studies in Enjoyment*, PHS Grant Report R01 HM 22883–02 (1974).

第 7 章

1. Abelson, R., "Beliefs Are Like Possessions," *Journal for the Theory of Social Behavior*, Volume 16, No. 3 (1986).

2. Janis, *Groupthink: Psychological Studies of Policy Decisions and Fiascoes*, 1982.

3. Bowlby, J., *Attachment*, New York: Cambridge University Press, 1965.

4. Nickerson, *Psychological Bulletin*, 1999.

5. Argylis, *Overcoming Organizational Defenses: Facilitating Organizational Learning*, 1990.

6. The term "dueling ladders" was coined by a consulting colleague of mine, Diana Smith of Action Design.

第 8 章

1. Newell, A., *Unified Theories of Cognition*, Cambridge, Mass.: Harvard University Press, 1991.

2. Lakoff, G., and M. Johnson, *Metaphors We Live By*, Chicago: University of Chicago Press, 1981.

3. Bazerman, M., *Managerial Judgments and Decision Making*, New York: John Wiley, 1995.

4. Lakoff, G., and M. Johnson, *Philosophy in the Flesh*, New York: Cambridge University Press, 1999.

5. Gilovich, *How We Know What Isn't So*, 1993.

6. Abelson, *Journal for the Theory of Social Behavior*, 1986.

7. Diana Smith introduced me to the concept of *The Frame Experiment* when we worked together on a consulting assignment. Thus far it exists only in unpublished work by Ms. Smith and her colleagues at Action Design.

第 10 章

1. Cheng, P., and R. Nisbett, "Pragmatic Constraints on Causal Deduction," in R. Nisbett (ed.), *Rules for Reasoning*, Hillsdale, N.J.: Erlbaum, 1985.

第 11 章

1. Seligman, M., *Learned Helplessness*, New York: Free Press, 1984.

第 13 章

1. Abbott, A. D. G., *The System of the Professions*, Chicago: University of Chicago Press, 1988.

2. Moldoveanu, M. C., and N. Nohria, *Codes, Communication and Coordination*, manuscript, Harvard Business School and Rotman School of Management, University of Toronto, 2002.

第 14 章

1. Jensen, M., and W. Meckling, "Theory of the Firm: Managerial Behavior, Agency Costs and Ownership Structure," *Journal of Financial Economics*, 1976, pp. 305–360.

2. Moldoveanu, M., and R. Martin, *Agency Theory and the Design of Efficient Governance Mechanisms*, Report to the Joint Committee on Corporate Governance, Rotman School of Management, 2001.

3. Moldoveanu and Martin, *Agency Theory and the Design of Efficient Governance Mechanisms*, 2001.

4. Ainslie, G., "Beyond Microeconomics," in J. Elster (ed.), *The Multiple Self*, New York: Cambridge University Press, 1985.

5. Moldoveanu and Martin, *Agency Theory and the Design of Efficient Governance Mechanisms*, 2001.

6. Moldoveanu and Martin, *Agency Theory and the Design of Efficient Governance Mechanisms*, 2001.

结 语

1. Fiske, A. P., "The Four Elementary Forms of Sociality: A Framework for a Unified Theory of Social Relations," *Psychological Review*, 99: 689–723 (1992).

2. Fukuyama, F., *The Great Disruption*, New York: Free Press, 1999.

欧洲管理经典 全套精装

ISBN: 978-7-111-56451-5

ISBN: 978-7-111-56616-8

ISBN: 978-7-111-58389-9

转变：应对复杂新世界的思维方式

作者：应秋月 ISBN：978-7-111-57066-0 定价：79.00元
在这个巨变的时代，不学会转变，错将是你的常态，
这个世界将会残酷惩罚不转变的人。

管理：技艺之精髓

ISBN：978-7-111-59327-0 定价：59.00元
帮助管理者和普通员工更加专业、更有成效地完成
其职业生涯中各种极具挑战性的任务。

公司策略与公司治理：如何进行自我管理

ISBN：978-7-111-59322-5 定价：59.00元
公司治理的工具箱，
帮助企业创建自我管理的良好生态系统。

正确的公司治理:发挥公司监事会的效率应对复杂情况

ISBN：978-7-111-59321-8 定价：59.00元
基于30年的实践与研究，指导企业避免短期行为，
打造后劲十足的健康企业。

战略：应对复杂新世界的导航仪

ISBN：978-7-111-56616-8 定价：60.00元
制定和实施战略的系统工具，
有效帮助组织明确发展方向。

管理成就生活（原书第2版）

ISBN：978-7-111-58389-9 定价：69.00元
写给那些希望做好管理的人、希望提升绩效的人、
希望过上高品质的生活的人。不管处在什么职位，
人人都要讲管理，出效率，过好生活。

· 作者介绍 ·

罗杰·马丁（Roger L. Martin）

以实战闻名的商学院教授，全球 TOP50 商业思想家之一，Thinkers50 榜单排名第 3，提出了整合思维和设计思维。

马丁担任加拿大多伦多大学罗特曼管理学院院长达 15 年之久，同时也是多家世界级大公司首席执行官的高级战略顾问。马丁是《商业周刊》在线创新板块和设计频道栏目的专栏作者，同时还经常受邀为《金融时报》的"决策思维"栏目和《华盛顿邮报》的"领导力"栏目撰写文章。2007 年，罗杰·马丁被《商业周刊》评为全球最具影响力的 10 位商学教授之一；2013 年，罗杰·马丁被《福布斯》评为年度全球最具影响力商业思想家第 3 位。马丁对管理界的贡献主要在于，他提出了足以改变公司领导者思维模式的两个创新理论，一个是整合思维，另一个是设计思维。

· 主编介绍 ·

杨斌 清华大学经济管理学院教授，现任清华大学副校长兼教务长、经济管理学院领导力研究中心主任。全国工程专业学位研究生教育指导委员会副主任委员、全国工商管理专业学位研究生教育指导委员会秘书长。他的主要研究领域为组织行为与领导力、企业与社会、非市场策略、商业伦理、高等教育管理等。

杨斌教授曾为清华本科生、MBA、EMBA 以及高层管理培训项目等讲授批判性思维与道德推理、领导与变革、组织行为学、文化伦理与领导、管理思维与沟通、伦理与企业社会责任、危机管理等课程。他还曾应邀为世界 500 强企业及国内多家企业与机构等提供战略管理咨询和培训。他是在中国高校开设商业伦理与工程伦理课程的积极推动者，也是中国式管理科学基础研究的主要参与者之一。